Stephen Wolinsky · Die dunkle Seite des inneren Kindes

Stephen Wolinsky

Die dunkle Seite des inneren Kindes

Der nächste Schritt in der Quantenpsychologie

Lüchow

Titel der amerikanischen Ausgabe:
The Dark Side of the Inner Child: The Next Step
by Stephen Wolinsky, Ph. D. © 1993 Stephen Wolinsky, Ph. D.
Amerikanische Originalausgabe 1993 durch Bramble Books, Norfolk, U.S.A.

Aus dem Amerikanischen von
Tatjana Kruse, Stuttgart

Die Deutsche Bibliothek – CIP-Einheitsaufnahme

Wolinsky, Stephen:
Die dunkle Seite des inneren Kindes : der nächste Schritt / Stephen Wolinsky [Aus dem Amerikanischen übersetzt von Tatjana Kruse]. – 3. Aufl. – Freiburg i. Br. : Lüchow, 2001
Einheitssacht.: The dark side of the inner child <dt.>
ISBN 3-925898-30-1

3. Auflage 2001

Umschlaggestaltung: Atelier Wolfgang Traub, Sulzburg
Satz: Fotosetzerei G. Scheydecker, Freiburg i. Br.
Druck und Bindung: fgb · freiburger graphische betriebe
Gedruckt in Deutschland
ISBN 3-925898-30-1

»Erwachen« ist ein Schlüsselwort: Es bedeutet, daß wir erwacht sind aus unserer individuellen Sichtweise, unserer persönlichen Perspektive. Alles erscheint vollkommen verändert … man ist befreit und erwacht aus dieser Sichtweise und sieht plötzlich alles anders – und die praktische Anwendung dieses Erwachens … kommt darin zum Ausdruck, daß Sie sich verändern.

Pir Vilayat Inayat Khan

Der Autor

Dr. phil. Stephen H. Wolinsky begann seine psychologische Tätigkeit 1974 in Los Angeles (Kalifornien). Als Gestalttherapeut, Reichianischer Therapeut und Trainer leitete er Workshops in Südkalifornien. Er wurde auch in klassischer Hypnose, Psychosynthese, Psychodrama und in der Transaktionsanalyse ausgebildet. 1977 reiste er nach Indien, wo er beinahe sechs Jahre lang lebte und Meditationsformen studierte. 1982 ging er nach New Mexico, um seine psychologische Tätigkeit wiederaufzunehmen. Dort begann er, Therapeuten in der Hypnosetechnik Ericksons, in NLP und in der Familientherapie auszubilden. Dr. Wolinsky leitete auch Ausbildungen, die sich über Jahre hinzogen, zu den Themen »Die Integration von Hypnose und Psychotherapie« und »Die Integration von Hypnose und Familientherapie«. Dr. Wolinsky ist der Autor von *DIE ALLTÄGLICHE TRANCE. Heilungsansätze in der Quantenpsychologie* und *QUANTENBEWUSSTSEIN* (beide Verlag Alf Lüchow, Freiburg i. Br.). Er hat vor kurzem sein viertes Buch vollendet: *The Tao of Chaos. Essence and the Enneagram, Quantum Consciousness Volume II.* Er war an der Entwicklung der Quantenseminare(TM) beteiligt und ist der Begründer der Quantenpsychologie. Zusammen mit Kristi L. Kennen gründete er das erste Institut für Quantenpsychologie®.

Widmung

In Erinnerung an John Lennon, quantenpsychologischer Lyriker und Songschreiber.

Ein Dankeschön an

Kristi L. Kennen, M.S.W., Lynne Behnfield (Lektorin), Donna Ross und Bruce Carter (Textverarbeitung), Dr. med. Eric Marcus, Roberto Assagioli, den Begründer der Psychosynthese und Entwickler des Konzepts der Subpersönlichkeiten, Dr. med. Fritz Perls, Begründer der Gestalttherapie, für seine Idee, daß verschiedene Teile einen Dialog führen, und Dr. med. Eric Berne, den Begründer der Transaktionsanalyse und Schöpfer des Verständnisses von den inneren Eltern, dem inneren Erwachsenen und dem inneren Kind. Dank auch an Dr. Albert Ellis, den Vater der Rationalen Psychotherapie (*Rational-Emotive-Therapy*), dessen Auffassung von den 15 verzerrten Denktypen in dieses Buch eingearbeitet wurde, und an Mathew McKay, Martha Davis und Patrick Fanning für ihr Buch *Thoughts and Feelings: The Art of Cognitive Stress Intervention*. Kapitel 3 dieses Buches enthält eine Zusammenfassung der 15 kognitiven Verzerrungen von Dr. Albert Ellis. Zuletzt ein ganz besonderer Dank an Neil Sweeny für seine Ratschläge, seine Liebe und Freundschaft über annähernd 20 Jahre.

Inhalt

Vorwort

Ich freue mich über die Gelegenheit, dieses Vorwort für Dr. Stephen Wolinskys Buch *Die dunkle Seite des inneren Kindes* schreiben zu können. Dieses Buch unterstreicht einmal mehr die Bedeutung der Arbeit mit dem inneren Kind. Es bietet einige wichtige Klarstellungen hinsichtlich der Neigung, bestimmte Aspekte der Arbeit mit dem inneren Kind zu »vergegenständlichen«. Durch Dr. Wolinsky konnte ich meine eigene Arbeit besser verstehen.

Schon seit einigen Jahren beeindruckt mich die transformierende »Kraft« des Modells vom inneren Kind. Und doch habe ich nie so ganz verstanden, warum es eine solche Wirkung hatte. In Stephen Wolinskys erstem Buch, *Die alltägliche Trance,* werden bestimmte Überlebenstaktiken der Kindheit – wie beispielsweise hypnotische Trancezustände – aufgezeigt, wodurch mir klar wurde, daß wir nur deshalb in der Vergangenheit wie in einem Kälteschock erstarrt sind, weil wir diese Trancezustände, die uns vor dem tiefen Schmerz unserer Verluste in der Kindheit schützen, ständig neu erschaffen. Die »verzögerte Trauer« dieser Verluste manifestiert sich in einer Reihe von Symptomen, die man das »Erwachsenen-Kind-Syndrom« nennt.

Wie Dr. Wolinsky deutlich zeigt, haben wir diese Trancezustände zum Schutz selbst erschaffen und können sie folglich auch verändern, sobald uns bewußt ist, auf welche Weise wir sie ständig neu erschaffen. Ein Weg, sich selbst zu dehypnotisieren, ist, »das innere Kind wieder in Besitz zu nehmen« – so formuliere ich das. Wenn wir uns vorstellen, wie wir unsere eigene Verwundbarkeit in Gestalt eines kleinen Kindes umarmen, dann wird unser erwachsenes Selbst die Verantwortung für eine Trance übernehmen, die uns ursprünglich einmal schützte, uns jetzt aber begrenzt. Was ich Für-das-Kind-Eintreten nenne, ist eine Möglichkeit, im gegenwärtigen Augenblick zu leben, indem man bewußt die Art und Weise verändert, wie wir unsere eigenen Gefühle, Bedürfnisse und Wünsche der Kindheit abgelehnt haben.

In dem vorliegenden Buch *Die dunkle Seite des inneren Kindes* zeigt uns Stephen Wolinsky zahlreiche Möglichkeiten auf, mit deren Hilfe wir ganz bewußt die schützenden Trancezustände erkennen können, die wir erschaffen haben und die den im Kälteschock erstarrten Zustand des inneren Kindes ausmachen.

Ich habe die wichtige Rolle betont, die das erwachsene Selbst dabei spielt, die Erfahrungen der Vergangenheit zu integrieren. Wolinsky spricht von dem »inneren Zeugen«. Der Erwachsene in meinem Vorstellungsmodell ist derjenige, der die Trancezustände überhaupt erst erschaffen hat. Der innere Zeuge ist das Ich Ihres Ichs oder das Du des Dus.

Wenn wir begreifen, daß wir die eigentliche Quelle unseres im Kälteschock erstarrten Lebens sind, findet eine machtvolle Erleuchtung statt, und erwachsene Verantwortlichkeit stellt sich automatisch ein.

Stephen Wolinskys Arbeit dient daher der wichtigen Aufgabe, sich vor den regressiven Neigungen, die der Arbeit mit dem inneren Kind innewohnen, zu schützen. Denn ob wir es beabsichtigen oder nicht, ständig sind wir versucht, das innere Kind zu »vergegenständlichen«, damit die verschiedenen Phasen der Kindheit eine Art funktioneller Autonomie erhalten. Sobald das geschieht, wird das »innere Kind« idealisiert und zum Selbstzweck. Durch Wolinskys Arbeit kann in diesem Punkt keine Verwirrung aufkommen.

Das innere Kind ist *nicht nur kostbar und wundervoll.* Wenn wir die eingefrorenen und veralteten Trancezustände des Überlebens weiterhin einsetzen, berauben wir uns selbst einiger wesentlicher Bereiche der menschlichen Erfahrung. Diese Bereiche beinhalten Verhaltensweisen wie Neugier, Erforschung, Unverwüstlichkeit, Ausgelassenheit und Spontaneität. Wolinsky nennt diese begrenzenden Funktionen die »dunkle Seite des inneren Kindes«. Wir brauchen unsere Gefühle der Neugier, Spontaneität und Ausgelassenheit. Wir brauchen die Fähigkeit, hinterfragen zu können und unverwüstlich zu sein. Das sind nicht nur kindliche Wesenszüge, es sind menschliche Wesenszüge. Sie sind notwendig, wenn wir als menschliche Wesen voll funktionieren wollen. Wenn wir *bewußt* entscheiden, unsere Überlebensstrategien der Kindheit (die Trancezustände des inneren Kindes) *neu zu gestalten*, können wir Zugang zu den Gefühlen unserer »verzögerten Trauer« erhalten und diese voll erfahren. Das erlaubt es uns, diese wesentlichen Funktionen in unsere Erfahrungen zu integrieren und läßt uns unser *eigenes* Leben in jedem Augenblick umfassender erleben.

Ich möchte auf den Inhalt des Buches nicht weiter eingehen, denn ich hoffe, Sie werden es selbst lesen wollen. Ich habe in den nachfolgenden Kapiteln äußerst reiches und kreatives Material gefunden. Möglicherweise erscheint es Ihnen bisweilen recht schwierig, aber ich bitte Sie: Lesen Sie weiter. Die mentale Streckübung war mir die Mühe wert.

Ich möchte Dr. Wolinsky dafür danken, daß er sich so sehr anstrengt, unser Bewußtsein zu erweitern. Er hat eine Synthese der tiefsten östlichen und westlichen Denkweisen entwickelt. In einem Zeitalter, das sich für eigennützige Polaritäten begeistert, ist Stephen Wolinsky ein höchst willkommener Lehrer.

John Bradshaw

Einführung

Frau, ich weiß, du verstehst das ... das kleine Kind im Mann.

Woman, John Lennon

1985 machte ich eine Entdeckung, die in meinem ersten Buch *Die alltägliche Trance: Heilungsansätze in der Quantenpsychologie* gipfelte. Darin beschreibe ich das Phänomen der Trance, das allen Problemzuständen zu eigen ist. Ich zeige, wie die Trance als Mittel dient, durch das Symptome erschaffen und beibehalten werden, und wie sie zu einer Quelle der Pathologie wird, wenn wir sie in unsere gewohnheitsmäßige Reaktionsweise auf die Welt integrieren. Ganz wichtig ist auch meine Anregung, wie wir unsere De-Hypnose herbeiführen und das wahre Selbst neu beanspruchen können.

Das Feedback auf das Buch war sensationell, und doch habe ich das Gefühl, daß eine Version benötigt wird, die mehr auf Erfahrungen basiert, praktischer und benutzerfreundlicher ist. Das Buch wurde damals für Therapeuten geschrieben; dieses Buch richtet sich ebenso an die breite Öffentlichkeit wie an die Gemeinschaft der Therapeuten.

Über das innere Kind

Wie ich in meinen ersten beiden Büchern geschrieben habe, kann der Prozeß der Trance häufig auf traumatische Kindheitserlebnisse zurückgeführt werden. Der Beobachter erschafft Trancezustände in der Kindheit und nützt sie, um das Kind gegen Erfahrungen *abzupuffern*, die es nicht integrieren kann. Mit anderen Worten: Trancezustände sind zu Anfang häufig eine notwendige Überlebenshilfe in einem physischen Universum.

Doch was einst die Überlebensstrategie eines überforderten Kindes bei seinem Versuch war, das Chaos in den Griff zu bekommen, wird nun zum Kern einer Symptomstruktur für den Erwachsenen, der versucht, sein Leben zu bewältigen. Verwechseln Sie es nicht mit dem sogenannten *kostbaren inneren Kind*, das in therapeutischen Kreisen derzeit so beliebt ist: Dies ist ein verwundetes inneres Kind, das in einer bestimmten Zeitphase feststeckt.

Der Begriff *inneres Kind* wurde in nicht geringem Maße von den verschiedenen Schulen der Psychotherapie geprägt. Um es einmal klar zu sagen: Die Vorstellung eines inneren Kindes ist keineswegs neu. Roberto Assagioli spricht in seiner Psychosynthese von *Subpersönlichkeiten*. Fritz Perls entwickelte in der Gestalttherapie die Erfahrung, daß verschiedene *Teile* miteinander einen Dialog führen. In der Transaktionsanalyse entwickelte Dr. med. Eric Berne nicht nur das innere Kind, sondern auch den inneren Erwachsenen und die inneren Eltern. In seiner Erörterung der Kognitiven Therapie von Dr. Albert Ellis spricht Dr. med. Aaron Beck von einem ähnlichen Konzept namens *Schema*:

»Ein zweites wichtiges Konzept in dem kognitiven Modell besteht aus der Vorstellung von Schemata. Mit dieser Vorstellung versucht man zu erklären, warum ein depressiver Patient seine schmerzauslösenden und selbstzerstörerischen Einstellungen trotz objektiver Beweise positiver Faktoren in seinem Leben beibehält.

Jede Situation besteht aus einer Fülle von Reizen. Der einzelne Mensch widmet sich selektiv bestimmten Reizen, verbindet sie zu einem Muster und ordnet die Situation nach Begriffen. Obwohl verschiedene Menschen dieselbe Situation auf verschiedene Art und Weise konzeptualisieren können, neigt der einzelne dazu, in seiner Reaktion auf bestimmte Dinge oder Ereignisse konsequent zu sein. Relativ stabile kognitive Muster bilden die Basis für die Regelmäßigkeit der Interpretationen einer bestimmten Situationsabfolge. Der Begriff Schema bezeichnet diese stabilen kognitiven Muster.

Wenn jemand einer bestimmten Situation gegenübersteht, wird das auf diese Situation zutreffende Schema aktiviert. Das Schema ist die Grundlage, um Daten zu Wahrnehmungen (definiert als alle Vorstellungen mit verbalem oder bildlichem Inhalt) zu formen. Daher ist ein Schema die Basis zur Aussortierung, Differenzierung und Kodierung von Reizen, denen sich das Individuum gegenübersieht. Man kategorisiert und bewertet seine Erfahrungen durch eine Matrix der Schemata.

Die eingesetzten Schemata bestimmen, wie das Individuum unterschiedliche Erfahrungen strukturiert. Ein Schema kann über längere Zeiträume inaktiv sein, kann jedoch durch bestimmte Umwelteinflüsse (beispielsweise durch Streßsituationen) wieder aktiviert werden. Die in einer bestimmten Situation aktivierten Schemata bestimmen unmittelbar, wie das Individuum reagiert.«[1]

Die Sicht der Welt des Kindes ist in der Zeit eingefroren, was dem Erwachsenen allerdings nicht bewußt ist (das ist ein *Schema*). Der Erwachsene der Gegenwart ist vielmehr *hypnotisiert* von dem Schema des verwundeten inneren Kindes und reagiert automatisch. Das Leben wird nicht so erfahren, wie es im gegenwärtigen Augenblick *ist*, sondern so, wie es in der Vergangenheit *war*. Der Widerstand gegen ein Ereignis hält die Erinnerung an das Ereignis, das im Bewußtsein feststeckt, wach. Der Vater der Kognitiven Therapie, Dr. Albert Ellis, sagt: »Das Kind sagt sich selbst, daß bestimmte schlechte Dinge *einfach nicht* geschehen *dürfen* … dadurch werden sie immer wieder aufs neue erschaffen … Um in Ihrer Terminologie zu bleiben: Das Kind traumatisiert sich selbst …« (Albert Ellis, in einem persönlichen Brief). Ob wir es nun das »Schema des inneren Kindes«, die »Subpersönlichkeit des inneren Kindes«, die »Teile des inneren Kindes« oder das »falsche Selbst des inneren Kindes« nennen, immer sprechen wir von einer Situation, die in der Zeit erstarrt ist wie in einem Kälteschock, und durch die das innere Kind Erfahrungen sieht und die Außenwelt interpretiert.

Das innere Kind

In Wirklichkeit gibt es zahllose *Subpersönlichkeiten*, *falsche Identitäten* oder *Schemata*, und daher können wir auch davon ausgehen, daß es mehr als nur ein einziges inneres Kind gibt. Vielmehr gibt es eine ganze Reihe von *inneren Kindern*, jedes mit einer anderen Wahrnehmung, einem anderen Bewußtsein, einer anderen Weltsicht u. s. w. (Siehe auch Abbildung 1)

Aus diesem Grund ist dies ein inneres Kind mit einer dunklen Seite; anstatt einfach nur *wertvoll* zu sein, hat es eine dysfunktionale Schattenseite. Dieses Buch will unter anderem die Leser und Leserinnen in Berührung bringen mit dieser eingefrorenen Erinnerung des inneren Kindes, das immer wieder aufs neue Probleme erschafft, indem es die Wirklichkeit durch veraltete, begrenzende und verzerrende Linsen wahrnimmt.

Die konventionelle professionelle Therapie würde versuchen, die Sicht des inneren Kindes zu verändern, einen neuen Bezugsrahmen zu erschaffen, die unaufgearbeiteten Angelegenheiten »aufzuarbeiten« oder für das innere Kind einzutreten. Ein Beispiel aus der Psychotherapie: Ein Patient trägt das eingefrorene Erinnerungsbild in sich, wie ein Elternteil ihn mißbraucht. Der Therapeut bittet daraufhin den Patienten, sich selbst »zu verkleinern« und sich in das Bild »hineinzubegeben«, um das Trauma und den dazugehörigen Schmerz sowie das dazugehörende Leid neu zu erfahren. Viele Therapieformen führen an dieser Stelle ein neues Glaubensmuster ein, so wie beispielsweise: »Es ist in Ordnung, Männern zu vertrauen« oder »Die Menschen lieben mich«.

Diese Therapieformen beabsichtigen damit, »das innere Kind zu heilen«. *Mein Vorschlag ist ein völlig anderer.*

Quantenpsychologie

Der erste Lehrsatz der Quantenpsychologie lautet, daß *die subjektive, innere Wirklichkeit vom Beobachter erschaffen wird.* Sie, als der Beobachter eines Traumas, machen sich davon ein Bild, bewahren es auf, verschmelzen damit, schlafen damit und fahren

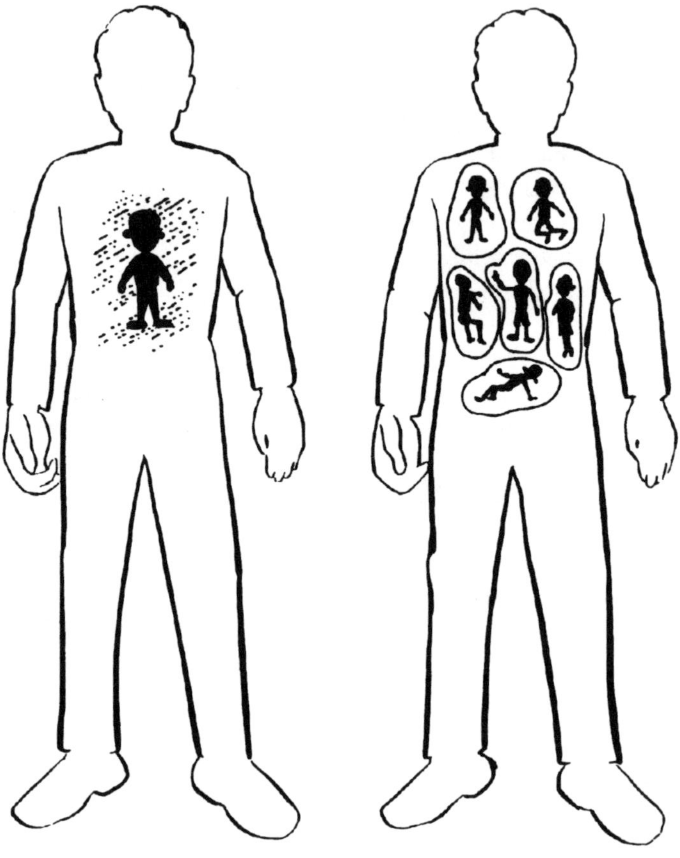

ABBILDUNG 1
Diese Abbildung zeigt das Bild nicht nur eines, sondern vieler innerer Kinder.

dann immer wieder in derselben Achterbahn. Die Quantenpsychologie sagt, daß *Sie* (*der Beobachter*) als Reaktion auf ein Trauma eine Erinnerung des inneren Kindes erschaffen und festhalten. Deutlicher gesagt: Der Beobachter erschafft nicht das äußere Ereignis; der Beobachter erschafft die *Reaktion* auf dieses äußere Ereignis. Daher muß der Beobachter, der eingeschlafen und mit dieser Erinnerung verschmolzen ist, *aufgeweckt* werden, damit er (der Beobachter) die Erinnerung loslassen kann.

Dieses *Bild*, dem so viel Macht gegeben wird, ist eine Erinnerung, die *Sie* (*der Beobachter*) in sich tragen. Es ist ein alter Film, der immer wieder abgespielt wird, der die alten Gefühle und Erfahrungen wieder und wieder hochbringt. Bei meinem Ansatz wird nicht einem inneren Kind oder einer Erinnerung die Macht gegeben, ich *gebe Ihnen die Macht*, demjenigen, der beobachtet und die Erinnerung an Ort und Stelle hält. Albert Ellis sagt: »Ihrem *Willen*, daß die Erinnerung *nicht existiert haben darf*, wird wirklich Macht gegeben, nicht dem Bild selbst« (Ellis, in einem persönlichen Brief). Hier hält meiner Meinung nach der Beobachter die Erinnerung dadurch an Ort und Stelle fest, daß er sich der Erinnerung verschließt. Ellis denkt jedoch, daß der Klebstoff, der die Erinnerung an Ort und Stelle hält, der Gedanke ist: »Es darf gar nicht geschehen sein.«

Bei der hier vorgestellten Vorgehensweise lernen Sie, das Tun des inneren Kindes zu identifizieren, damit der *Beobachter* aufwachen und aufhören kann, sich mit diesen alten Trancezuständen zu identifizieren. Das befähigt Sie, sich mit dem *Beobachter* zu identifizieren, der frei ist von Trancezuständen. Dies wiederum befreit Sie von dem verwundeten inneren Kind, das (in seiner Erinnerung) feststeckt, und Sie können voll in der Gegenwart leben.

In diesem Buch geht es darum, die Trancezustände, die veralteten Strategien und Glaubensstrukturen hinter sich zu lassen, die in der Kindheit erschaffen wurden, um das *Chaos* des Lebens zu bewältigen. Das Buch ist voller Beispiele und Übungen, damit Sie die Trancezustände in Ihrem Leben, die Sie davon abhalten, der zu sein, der Sie wirklich sind, identifizieren und sich von ihnen befreien können. Die Übungen sind – mit demselben Ziel – auch für die Arbeit von professionellen Therapeuten mit ihren Patienten gedacht.

Es ist zwar nicht der einzige Schwerpunkt dieses Buches, aber es ist wichtig, noch einmal festzustellen, daß es nicht nur ein einziges verwundetes inneres Kind gibt. Mit jedem wahrgenommenen

Trauma erschafft der *Beobachter* eine Strategie (einen Trancezustand) und eine Identität, um das wahrgenommene Chaos in den Griff zu bekommen. Daher kann es in einem Erwachsenen zahlreiche innere Kinder geben, jedes mit einem Trancezustand, einer Strategie und einer Identität. Das erklärt die zahlreichen inneren Diskussionen, die in einem Erwachsenen stattfinden. Dabei handelt es sich um die verwundeten inneren Kinder, jedes mit einer Identität, jedes mit einem Trauma und einer Erinnerung, jedes mit einer Trancestrategie und jedes mit einer eigenen Tagesordnung. Das erklärt auch, warum in der Therapie eine vollständige Problemlösung nicht eintritt, wenn das innere Kind lokalisiert und »mit einer Aufschrift versehen« wurde. Ein neues inneres Kind taucht auf, hypnotisiert den Erwachsenen in einen anderen Problemzustand mit dem Gedanken: »Das darf nicht geschehen sein.«

Dieses Buch handelt davon, die dunkle Seite des inneren Kindes hinter sich zu lassen und ebenso die Trancezustände des inneren Kindes. Den *Beobachter/Schöpfer* des inneren Kindes zu wecken heißt, die Trancezustände des inneren Kindes zu beenden. Mit anderen Worten: Wenn der *Beobachter* aufwacht, ist die Trance zu Ende. Anders ausgedrückt, wer den erstarrten Zustand des Kindes transzendieren will, muß seine Trancezustände beenden. Durch diesen Prozeß findet die Trance wirklich ein Ende. Ich hoffe, dieser Prozeß bereitet Ihnen Vergnügen.

In Liebe,
Ihr Bruder Stephen

1

Wo für mich alles begann

Annähernd sechs Jahre lang lebte ich in einem Kloster in Indien. Davor führte ich eine private Praxis für Psychotherapie und leitete Trainings in Los Angeles, Kalifornien. In Indien wurde mir klar, daß die Meditation als östliche Möglichkeit betrachtet werden könnte, sich selbst vom eigenen mentalen Programm, d. h. von Gedanken, Gefühlen und Emotionen, zu de-hypnotisieren.

Indem ich mich selbst de-hypnotisierte, fühlte ich mich nicht länger von dem niemals endenden Geschnatter meines Geistes beherrscht oder besessen.

Ein neues Verständnis von Trance und Hypnose

Einige Menschen vertreten die Ansicht, Trance und Hypnose würden dem *Svengali-Phänomen* ähneln, bei dem die Versuchsperson von einer äußeren Kraft oder einem Menschen beherrscht und instruiert wird, etwas gegen ihren Willen zu tun. Manchmal wird die Hypnose auch für einen schlafähnlichen Zustand gehalten, eingeleitet von einem Hypnotiseur, dessen Suggestionen von der Versuchsperson bereitwillig angenommen werden. Im *Webster* wird »Trance« wie folgt definiert:

> *»Ein Zustand von teilweise eingeengtem Bewußtsein bzw. Funktionsunfähigkeit, ein Zustand verlängerten Absorbiertseins.«*[2]

Meine jahrelange Erfahrung mit psycho-spiritueller innerer Arbeit machte mir klar, daß wir uns alle bereits in einer Trance befinden, bereits hypnotisiert sind. Die meisten von uns sind der Ansicht, »Trancezustände« würden unsere Alltagserfahrungen übersteigen, aber in Wirklichkeit überfluten sie alle unsere Erfahrungen. Innerhalb des Mysteriums der Hypnose bzw. der Trance finden wir den Schlüssel zur De-Hypnose.

Es folgen einige Beispiele und Alltagsgeschichten von ganz normalen Menschen, die sich »in einer Trance« befinden.

Das Kind ist die Versuchsperson, Mutter und Vater sind die Hypnotiseure. Die Eltern suggerieren beispielsweise: »Du wirst das nicht tun«, »Tust du mir den Gefallen, tu ich dir den Gefallen« oder »Wenn du tust, was ich sage, gebe ich dir meine Liebe und Zuneigung. Wenn du dich weigerst, werde ich dir weder Liebe noch Zuneigung geben«. Das Kind (die Versuchsperson) fällt in eine Trance, einen Zustand, in dem es absorbiert ist, und glaubt den Suggestionen der Hypnotiseure (der Eltern). Das Kind verinnerlicht daraufhin diese Suggestionen und suggeriert sie sich auch als Erwachsener ständig weiter. Das ist *die dunkle Seite des inneren Kindes*, des inneren Kindes der Vergangenheit, das den Erwachsenen der Gegenwart in Problemzustände hineinhypnotisiert.

Die Jahre verstreichen, und ein Lehrer oder eine andere Autoritätsperson erwähnt zufällig eine ähnliche Suggestion (Einleitung der Trance). Die Versuchsperson (der Schüler) fällt in dieselbe Angst-Trance, die er schon als Kind hatte. Die Zeit vergeht. Das Kind reift heran, geht eine Beziehung ein und heiratet. Dann kann der Ehepartner zum Hypnotiseur werden und bei dem inneren Kind seines Partners einen Trancezustand der Wut oder der Angst vor Zurückweisung einleiten.

Sobald die Suggestionen ausgesprochen sind und das Individuum in eine Trance gefallen ist, geht die Autonomie der Versuchsperson als freies Wesen in diesen Trancezuständen verloren.

In unserer Gesellschaft fallen wir alle in Trancezustände und kehren daraus wieder zurück, und jeder von uns ist in einem Großteil unserer Beziehungen sowohl Hypnotiseur als auch Versuchsperson.

Dieses Buch will *Sie* hinter der Trance *aufwecken*, damit Probleme, die durch Trancezustände hervorgerufen werden, nicht länger vorkommen können.

Selbst-Hypnose und Trance *treten jeden Tag auf*. Wenn Sie die Bewegung des Geistes bemerken, dann stellen Sie fest, daß Sie sich selbst ständig Suggestionen anbieten: wie Sie zu sein haben, was Sie zu tun und was Sie zu besitzen haben.

So könnten Sie sich in Ihrer Beziehung beispielsweise suggerieren »Er liebt mich wirklich« und eine entspannte Er-liebt-mich-wirklich-Trance erschaffen. Sie könnten sich suggerieren »Sie gibt mir nie das, was ich will« und eine Trance der Wut erschaffen. Sie könnten sich suggerieren »Ich weiß, was der Chef will; er will mich reinlegen« und so eine Trance der Selbstgerechtigkeit erschaffen.

Diese Bänder werden dann vom inneren Kind im Erwachsenen abgespielt. Das innere Kind nimmt die Stimme und die Suggestionen der Eltern an, und Jahre später hypnotisiert das innere Kind den Erwachsenen.

Wie geht das vor sich? Im allgemeinen erschaffen wir als Kinder Trancezustände, um Situationen in den Griff zu bekommen, die wir unserer Meinung nach nicht bewältigen bzw. verstehen können. Albert Ellis würde es so formulieren: »Wir schaffen tiefe, selbstbefriedigende Überzeugungen* in bezug auf bestimmte Vorfälle« (Ellis, in einem persönlichen Brief). Vorfälle, bei denen wir beschließen, daß wir sie nicht in den Griff bekommen dürfen, sollen oder können. Dieses *Dürfen* agiert als kognitiver Leim, der unseren Widerstand gegen auftretende Situationen oder Umstände zusammenhält. Der Gedanke, *nicht zu dürfen,* beeinflußt in starkem Maße unsere subjektive Erfahrung, und Dr. Albert Ellis nennt diese Denkweise scherzhaft *Selbstbefriedigung*.

Das Kind herrischer Eltern wird beispielsweise in einer entsprechenden Situation abschalten, um den emotionalen Schmerz zu vermeiden. Wenn diese Strategie funktioniert, stellt das Kind diese Trance »auf Automatik«. Es schaltet in der Schule, während der Arbeit und schließlich auch in seinen Beziehungen einfach ab und gibt sich Tagträumen hin.

Ein Kind, dessen Familiengeschichte von Alkoholismus und Co-Abhängigkeit geprägt ist, könnte eine **Amnesie** entwickeln und die Vergangenheit vergessen, um den Schmerz zu vermeiden. In seinem späteren Leben wird die Amnesie bzw. Vergeßlichkeit

---

* Stephen Wolinsky spricht im Original anstatt von »m*a*sturbation« von »m*u*sturbation« (must = müssen). (Anm. d. Übersetzerin)

zu einem Problem an der Arbeitsstelle, in der Schule oder in seinen Beziehungen.

Inzestopfer werden »taub«, um das schmerzliche Trauma zu überleben und können später Schwierigkeiten haben, bei sexuellen Erfahrungen überhaupt etwas zu spüren. Frauen entwickeln die Unfähigkeit, einen Orgasmus zu bekommen, Männer leiden unter vorzeitiger Ejakulation oder Impotenz.

Man muß verstehen, daß der Trancezustand, den das Kind erschuf, in Wirklichkeit eine Fähigkeit bzw. Fertigkeit ist, die entwickelt wurde, um schmerzvolle Situationen zu bewältigen. Das wird erst dann zum Problem, wenn die Fähigkeit, eine Trance zu erschaffen, außer Kontrolle gerät und der Betroffene automatisch reagiert. Die Trance des inneren Kindes im Erwachsenen erschafft automatisch denselben Zustand der Taubheit, obwohl der Erwachsene in der gegenwärtigen Beziehung gar nicht »taub« sein will. All dies geschieht, während der *Beobachter* schläft.

Eine Frau, mit der ich gearbeitet hatte, wurde von ihrem Vater so furchtbar geschlagen, daß sie von der Hüfte abwärts taub wurde. Das beeinflußte die sexuelle Beziehung zu ihrem Ehemann. Sie hatte keine »sexuellen« Gefühle und litt unter der Unfähigkeit, einen Orgasmus zu bekommen.

Ein Psychologe, der bei mir in Therapie war, ist ebenfalls ein gutes Beispiel: Er hatte eine inzestuöse Beziehung zu seiner Schwester. Jahre später wurde das innere Kind in der Ehe »taub«; es kam mit der Erwachsenenwelt nicht zurecht. Das jetzige Problem: die Fähigkeit, eine Erektion zu bekommen.

Wenn Sie feststellen, daß Sie emotional oder verbal »automatisch« reagieren, erfahren Sie möglicherweise einen hypnotischen Trancezustand des Kindes im Erwachsenen. Das innere Kind hypnotisiert das Kind, indem es **automatisch** Dinge zu Ihnen sagt, die Sie in eine Trance fallen lassen. Sie verhalten sich auf eine Art und Weise, die Sie eigentlich ablehnen, oder Sie fallen in einen Trancezustand, der während einer traumatischen Phase in der Vergangenheit funktionierte, aber in der gegenwärtigen Situation nicht angemessen ist.

Das innere Kind wird zu Ihrem Hypnotiseur, und der Erwachsene in der Gegenwart, die Versuchsperson, wird zu ungewollten Verhaltensweisen und Erfahrungen hypnotisiert.

Als ich 1982 in den Westen zurückkehrte, eröffnete ich erneut eine psychotherapeutische Praxis. Ich begann, mit meinen Patienten und Schülern therapeutische Trancezustände zu erforschen. Mir wurde klar, daß viele Probleme, die die Menschen erleben, auf das innere Kind zurückzuführen sind, das den Erwachsenen hypnotisiert. Das innere Kind hatte ein autonomes Leben entwickelt: eine *dunkle Seite*.

Ich begann, mich selbst zu de-hypnotisieren. Ich erkannte, daß stundenlange Meditationen in dieser Gesellschaft nicht funktionieren; sie sind einfach zu zeitaufwendig. Die Fallstricke, in die Meditierende in der Vergangenheit gerieten, waren das Ergebnis einer mangelnden Verbindung zur Welt. Wie in Kapitel 6 erläutert, wurde dieses Abschalten, diese Meditation häufig zu einer dissoziativen Technik, mittels derer man ein Trauma und die Angst, den Schmerz und die dazugehörige Wut verheimlichte.

Ich wollte ein System entwickeln, das sowohl die Fähigkeit beinhaltete, sich a) selbst zu de-hypnotisieren als auch b) in Verbindung mit dem Leben zu bleiben. Zu diesem Zweck baute ich das große Konzept der Quantenphysik ein: Der Beobachter einer inneren Erfahrung ist gleichzeitig *Beteiligter* an der inneren subjektiven Erschaffung dieser Erfahrung. In meinem Buch *Quantenbewußtsein* wird dies in aller Ausführlichkeit dargestellt. Im wesentlichen erschafft der Beobachter eines Traumas seine Reaktion auf diese Trauma selbst. Dies führt häufig zu einem verletzten, traumatisierten Kind, das Trancezustände – wie »taub werden« – zum Überleben einsetzt.

Das Kind in mir hatte Strategien entworfen, um Lebenssituationen zu bewältigen. Das Problem war nur, daß das Kind in meinem erwachsenen Selbst innere Erfahrungen außerhalb meines Bewußtseins erschuf, die nicht in die Realität meiner Gegenwart paßten.

Ein eigenes Selbstbewußtsein entwickelte sich für mich. Ich fühlte mich frei von den ungewollten Verhaltensweisen und Gefühlen, die das innere Kind dem Erwachsenen suggeriert hatte.

In den folgenden Kapiteln werden wir die Trancezustände des inneren Kindes, die in der Zeit eingefrorene Schöpfung und Identität innerhalb des Erwachsenen, näher untersuchen. Dieses innere

Kind, das so lange so viel Lob erhalten hat, ist eine in der Zeit eingefrorene Schöpfung des Beobachters (von Ihnen). Das Problem ist, daß dieses in der Zeit eingefrorene innere Kind weiterhin *ungewollte* Trancezustände erschafft, d.h. Gedanken, Gefühle, Emotionen, Wahrnehmungen und Verhaltensstrategien, die in gegenwärtigen Situationen nicht mehr funktionieren.

Schlußfolgerung

Der nächste Schritt besteht nun darin, die Trancezustände des in der Zeit eingefrorenen, inneren Kindes aufzudecken und sich klar zu machen, daß der einzelne Mensch gleichzeitig der *Beobachter* und der Schöpfer dieser Identität des in der Zeit eingefrorenen inneren Kindes ist. Damit wollen wir uns selbst von den Überlebensmechanismen der Kindheit befreien, die nicht länger in unsere gegenwärtigen Beziehungen passen. *Der nächste Schritt* besteht aus drei Teilen: 1. die dunkle Seite des inneren Kindes anzuerkennen, die in unserem gegenwärtigen Selbst als Hypnotiseur zugange ist, 2. diese Identität des inneren Kindes zu untersuchen und in unserer gegenwärtigen Realität loszulassen und 3. den eingeschlafenen *Beobachter* (Sie) aufzuwecken. Das versetzt uns in die Lage, aus unserer in der Zeit eingefrorenen Vergangenheit herauszutreten und die Gegenwart voll zu erleben.

2

Der Anfang vom Ende der dunklen Seite des inneren Kindes

Das plötzliche Auftauchen und die Popularität von Therapieformen und Selbsthilfegruppen, die auf der Arbeit mit dem »verletzten inneren Kind« basieren, hat die Welt der Psychologie überschwemmt. Historisch gesehen, haben die meisten Therapieformen diesen Teil unserer Identität (der in der Vergangenheit ruht bzw. in der Vergangenheit durch ein Trauma oder einen Unfall eingefroren wurde) direkt angesprochen, seit die Psychotherapie zur Jahrhundertwende allgemein bekannt wurde.

In letzter Zeit, hauptsächlich seit den 60er Jahren, wurde unsere Psyche von Therapieformen bombardiert, deren Absicht es ist, zu heilen, neue Bezugsrahmen zu setzen, neue Entscheidungen zu ermöglichen, sich auszusprechen, neue Gedankenverbindungen zu knüpfen, Neubenennungen zu vergeben, Unaufgearbeitetes aufzuarbeiten und – seit neuestem – das verletzte innere Kind zu schützen.

Dieses kostbare innere Kind, wie es seit kurzem genannt wird, ist irgendein verletzter Teil von uns, der geheilt werden muß. Irgendwie und aus irgendeinem Grund wurden zwei Aspekte dieses Paradigmas ausgelassen. Zum einen der Ursprung des verletzten inneren Kindes, und zum anderen die dunkle Seite des inneren Kindes.

Woher kommt das innere Kind?

Um wirklich zu verstehen, woher das innere Kind kommt, muß man wahrscheinlich zuerst eine der bedeutendsten Erkenntnisse der Wissenschaft begreifen. Mitte der 20er Jahre entwickelte der berühmte Physiker Werner Heisenberg seine »*Unschärferelation*«.

Heisenberg stellte die Welt der Physik auf den Kopf, als er nachwies, daß der Beobachter eines Experiments und das Experiment selbst nicht voneinander getrennt sind – vielmehr nimmt der Beobachter durch den Akt des Beobachtens am Experiment teil und beeinflußt so das Ergebnis. John Wheeler, ebenfalls ein bekannter Physiker, änderte das Wort *Beobachter* in *Teilnehmer*, weil der Akt des Beobachtens einen Anteil am Ergebnis des Experiments hat.

Was bedeutet das für die Selbsthilfepsychologie? Sie, als Beobachter des Lebens, nehmen am Aufbau, an der Interpretation und der Erfahrung Ihrer inneren subjektiven Welt Teil. Der *Beobachter* eines Experiments nimmt an der Erschaffung des Ergebnisses durch den Akt des Beobachtens teil. Sie als Teilnehmer an einem Workshop über das innere Kind erschaffen sein Erscheinen durch den Akt des *Beobachtens*. Was das heißt? – Wenn Sie das innere Kind suchen, erschaffen Sie es durch den Akt des »Suchens«. Es hat den Anschein, als ob das verletzte innere Kind schon immer da war, unbemerkt. Aber gemäß der Quantenphysik erschaffen wir die Identität eines inneren Kindes, das geheilt werden muß, durch den Akt des »Suchens«. An dieser Stelle des Buches ist es wichtig, darauf zu achten, daß Sie (der *Beobachter*) zuerst da waren und *älter* sind als die Identität des inneren Kindes. Damit will ich sagen, daß der Beobachter *vor* dem Trauma existierte, derselbe Beobachter war *während* des Traumas anwesend und ebendieser Beobachter ist noch da, lange *nachdem* das Trauma vorüber ist. Die Identität des inneren Kindes ist die Ursache von vielen unserer gegenwärtigen Probleme. Warum? – Das verletzte innere Kind, an dessen Erschaffung Sie *teilgenommen* haben, hat eine eigene Lebenskraft und begrenzt Ihren Handlungsspielraum und Ihre Perspektive der Welt und des eigenen Lebens. Darüber hinaus erschafft diese *Beobachter-erschaffene* Identität Verhaltensunvermeidbarkeiten wie Versagen, Trennung oder emotionalen Streß. Wir werden uns auf die Strategien, Trancezustände oder Spiele konzentrieren, die die dunkle Seite des inneren Kindes spielt und die Ihr Leben beeinflussen. Und darauf, wie man den *nächsten Schritt* unternehmen, den *Beobachter* aufwecken und diese Erinnerung aus der Vergangenheit, durch die wir wie durch ein Fenster die Gegenwart sehen, aufdecken kann.

In den 70er und 80er Jahren dieses Jahrhunderts haben wir alle erlebt, wie das Wort »Quanten« zu einem alltäglich benutzten Wort wurde. Von Fernsehshows bis hin zu Chemieunternehmen wurde »Quanten« zu einem allgemeingebräuchlichen Wort.

1986 sprach ich in meinem ersten Buch *Die alltägliche Trance: Heilungsansätze in der Quantenpsychologie* von dem Einfluß, den der *Beobachter* (Sie) auf seine subjektive Erfahrung hat. Kurz gesagt, der *Beobachter* (Sie) erschafft seine eigene *innere subjektive Erfahrung*. Sie erschaffen die Reaktion auf Ihre Umwelt, d.h. auf Eltern, Lehrer, Ehepartner, usw., und Sie sind verantwortlich für Ihre innere subjektive Erfahrung. Quantenpsychologisch ausgedrückt: Sie als der *Beobachter* einer äußeren Realität nehmen an der Erschaffung Ihrer inneren subjektiven Reaktionen teil.

Lassen Sie uns das nun auf den Bereich der Identität des »verletzten inneren Kindes« übertragen. Lassen Sie uns annehmen, Sie hätten als Kleinkind beobachtet, daß die einzige Möglichkeit, von Mutter/Vater geliebt zu werden, darin bestand, Ihre eigenen Bedürfnisse zugunsten der Bedürfnisse Ihrer Eltern aufzugeben und ihnen zu Gefallen zu sein. Um das zu bewältigen, *erschafft der Beobachter* eine Identität namens »das gefällige Kind«, das seine eigenen Bedürfnisse aufgibt, um Liebe und Zuneigung zu erhalten. Wenn der *Beobachter* sieht, daß es funktioniert, dann fährt der Beobachter fort, diese Identität zu erschaffen, schaltet diese Identität des verletzten gefälligen Kindes auf Automatik und schläft dann ein. Wer verliert sich in dieser falschen Identität? – Sie, der *Beobachter* und Schöpfer dieser Identität des gefälligen verletzten Kindes.

Die Identität erschafft viele verschiedene Möglichkeiten (die wir später näher untersuchen), um den Vorgang in Gang zu halten. Drei wichtige Punkte folgen aus diesem Quantenverständnis: 1. Sie sind der Schöpfer und der *Beobachter* des verletzten gefälligen Kindes, 2. Sie stehen über dieser Identität und 3. das Konzept, dieses verletzte Kind zu »heilen«, ist falsch. Warum? – Um diese Identität zu heilen, müssen Sie »begreifen«, daß Sie der Ursprung dieser Identität sind. Sobald Sie diese auf Erfahrung beruhende Erkenntnis erlangt haben, *können Sie die Verantwortung dafür übernehmen und müssen sie nicht länger erschaffen.*

In dem Versuch, die »richtigen Dinge« zu heilen, in einen neuen Bezugsrahmen zu setzen oder neue Entscheidungen darüber zu treffen, fügt das innere Kind der erschaffenen Identität nur neue hinzu und hält diese am Leben. Mit anderen Worten müssen Sie die Identität gegenwärtig und am Laufen halten, um sie zu heilen. Viele Therapieformen besagen: »Alle Teile dienen einem nützlichen Zweck.« Die Quantenpsychologie sagt: »Alle Teile dien*ten* einem nützlichen Zweck« (Vergangenheit). Warum sollten wir sie weiterhin automatisch erschaffen? Es ist an der Zeit, den *nächsten Schritt* zu tun und diese alte Weltsicht aufzudecken.

Im vergangenen Monat bat man mich, einen Vortrag vor einer Gruppe von etwa 40 Psychotherapeuten an der Ostküste zu halten. Ich fragte die Gruppe: »Hat einer von Ihnen das verletzte innere Kind geheilt? Kennt einer von Ihnen jemanden, der das getan hat?« Es gab *keine einzige* Antwort. Wir müssen herausfinden, wer dieses innere Kind beobachtet. Auf diese Weise wird Ihnen – dem Beobachter – Macht verliehen, und nicht dem inneren Kind.

Ich erzählte dieser Gruppe: »Sobald Sie einmal die Identität des verletzten inneren Kindes erschaffen und beschlossen haben, es zu heilen, indem Sie eine andere Identität erschaffen, die dann die richtigen Dinge zu ihm sagt, es bekämpft, es bestätigt oder es beschützt, müssen Sie (der Beobachter / Schöpfer) immer die Identität des verletzten inneren Kindes in sich tragen, damit Sie nicht vergessen, was eigentlich geheilt werden soll. Wer den *nächsten Schritt* unternehmen und über das innere Kind hinausgehen will, muß die *dunkle Seite* kennen. Mein indischer Lehrer, Nisargadatta Maharaj, pflegte zu sagen: »Zuerst mußt du wissen, was etwas ist, damit du es aufgeben kannst.«

Die dunkle Seite des inneren Kindes

Ich könnte mir vorstellen, daß viele Menschen über dieses kostbare innere Kind, seinen Wert, seine Unschuld, etc. diskutieren. Im Augenblick müssen wir verstehen, daß dieses »innere Kind« eine dunkle Seite hat. Dieses innere Kind, das einige Therapieformen verzweifelt zu konservieren suchen, ist verantwortlich für viele unserer gegenwärtigen Probleme.

Wir wollen uns einmal vorstellen, um mit Mutter bzw. Vater überleben zu können, mußten Sie sich einen Teil erschaffen, der Gedanken lesen konnte, um zu wissen, was Mutter bzw. Vater dachten, damit Sie bekommen konnten, was Sie brauchten. Das wird zum Problem, wenn das eingefrorene Kind in Ihnen Gedanken liest, projiziert und sich vorstellt, was die Menschen in der Gegenwart denken und fühlen und es versucht, diese Vorstellungen zu erfüllen oder auf imaginäre Projektionen so reagiert, als ob sie Wirklichkeit wären.

Häufig trifft das nicht zu. Die dunkle Seite des inneren Kindes hypnotisiert den Erwachsenen, so daß er in der Gegenwart so reagiert, als würde er sich in der Vergangenheit befinden. Das nenne ich die dunkle Seite. Das verletzte innere Kind mißinterpretiert, mißkonstruiert und mißversteht viel von dem, was es sieht. Das kostbare innere Kind anzubeten, heißt, seine dunkle Seite zu ignorieren.

Schlußfolgerung

Dieses Buch wird Betroffenen und Therapeuten helfen, den *nächsten Schritt* zu tun und 1. dem inneren Kind durch Erkenntnis seiner Strategien die Macht zu nehmen und 2. den einzelnen an den Ursprung seiner Erfahrung zurückkehren lassen, anstatt sich auf alte Erfahrungen zu beziehen, die nicht länger einem nützlichen Zweck dienen.

3

Weltanschauung und die Ursprünge der Trance

Diese Arbeit stellt eine Integration von westlicher Psychotherapie, östlicher Philosophie und Quantenphysik dar, wie sie aus meiner Erfahrung als Therapeut erwachsen ist. Ich habe herausgefunden, daß sich westliche Vorstellungen wie jene von Dr. med. Milton H. Erickson, dem Vater der *modernen* Hypnose, und östliche Vorstellungen vom *Beobachter* und die Erkenntnisse, die in der Quantenphysik insbesondere von Werner Heisenberg entwikkelt wurden, ergänzen.

In diesem Buch beziehe ich mich ständig auf alle **Bewußtseinszustände** (außer dem der ununterbrochenen Bewußtheit des *Beobachters*) als Trancezustände. Die folgenden Kapitel werden zeigen, daß die erschaffene, in der Zeit eingefrorene Identität des inneren Kindes bestimmte Spiele, Strategien und Gedankenprozesse verfolgt. Das Kind in jedem von uns ist durch Trauma und Chaos eingefroren. Das kann man mit einem Fotographen vergleichen, der mit seinem Finger ständig auf den Pausenknopf seiner Videokamera drückt. Wir stecken in einem Fenster fest, durch das wir die Welt sehen – oder besser gesagt, durch das wir die Welt der Gegenwart eben *nicht* sehen. Die dunkle Seite des verletzten Kindes wird zu unserer Nemesis*, denn sie schrumpft die gegenwärtige Welt des Beobachters ein und läßt sie wie eine Erfahrung der Vergangenheit aussehen. Mit anderen Worten, der *Beobachter* schläft ein und sieht unwissentlich die Welt mit den Augen des inneren Kindes.

Trance könnte man als »wachsamen Schlaf« definieren. Anfangs tritt die Trance durch eine Reihe von Interaktionen mit anderen Menschen – wie Mutter, Vater, einem Lehrer, sogar einem

* Griech. Göttin; ausgleichende, vergeltende, strafende Gerechtigkeit. (Anm. d. Ü.)

Vorgesetzten, Freunden, Ehepartnern, Kindern usw. – auf. Die Trance, die Sie entworfen haben, hatte den Zweck, Ihnen als Kind zu helfen, Sie zu schützen bzw. zu unterstützen. Die Trance wurde zu einer automatischen Reaktion auf andere Menschen und entwickelte eine eigene Autonomie.

Anders ausgedrückt, ein Kind verhält sich gegenüber seiner Familie auf ganz bestimmte Weise. Das ist die Trance, die das Kind innerhalb der Familie einsetzt. Wenn das Kind älter wird, wird die Trance a) *verallgemeinert* und auf alle Menschen bzw. alle Frauen übertragen, anstatt nur auf die Mutter bezogen, so daß der Erwachsene sich in Anwesenheit von Frauen wie ein kleines Kind benimmt. Da es für das Kind so gut funktionierte, schaltet der *Beobachter* b) die Trance Jahre später auf Automatik, damit der Erwachsene nicht mehr darüber nachdenken muß, wie er reagieren soll.

Auf diese Weise werden Situationen nicht so erlebt, wie sie wirklich sind. Vielmehr holt der Erwachsene, der sich wie ein Kind benimmt, die Familie in sich in die Gegenwart, projiziert sie auf andere oder hält sie in sich fest (und spricht mit sich selbst). Die Trance der dunklen Seite des inneren Kindes agiert unabhängig von der Gegenwart und ist der Vermittler bzw. der Bote des inneren Kindes im Erwachsenen. Sobald das innere Kind eingefroren ist, neigt es dazu, die Aufmerksamkeit des Erwachsenen einzuschränken, unvermeidbare Gefühle, Gedanken und Emotionen zu erzeugen und – zum größten Teil – Unbehagen.

Trancezustände sind der Leim, der die Probleme zusammenhält. Das innere Kind, das in einer Mißbrauchssituation feststeckt, trennt sich vom Vater ab, damit es den Schmerz der Situation nicht spüren muß. Das Kind wird vom Beobachter (Ihnen) zusammen mit der Trance der Trennung festgefroren. (Diese Trennung nennt man »Dissoziation«. In Kapitel 6 sprechen wir ausführlicher darüber.)

Wenn der Beobachter mit dem inneren Kind verschmilzt, fühlen sich Ressourcen, die eingesetzt werden könnten, unerreichbar an. Beispiel: Ein Ehemann in der Trance des Ärgers hat einen Wutanfall, und die Ressource, sich zu erinnern, wie sehr er seine Partnerin liebt, steht ihm nicht länger zur Verfügung. Vielmehr handelt das altersregressive innere Kind, »als ob« es in der Vergangenheit mit seinem Vater zusammen wäre. Die Trance der Wut übernimmt das Steuer, und der Rest der Ressourcen der Gegenwart geht verloren.

Jede Veränderung in der Trance macht dem *Beobachter* ansonsten ungenützte Ressourcen zugänglich. Mit anderen Worten: Je mehr Sie über die dunkle Seite des inneren Kindes wissen, desto freier sind Sie, es aufzugeben. In dem obigen Beispiel können neue Wahlmöglichkeiten und Optionen in der Beziehung auftauchen, wenn die Trance zugelassen wird und beide Partner in der Gegenwart bleiben, indem sie den Wutanfall als eine Trance des inneren Kindes erkennen.

Trancezustände, die von Ihnen erschaffen wurden, sind anfänglich wechselseitige Trancen innerhalb der Familie gewesen. Eine Frau, die bei mir in Therapie war, fand zum Beispiel heraus: Wenn sie sich in ihrer Familie dumm stellte, dann kümmerte sich ihr Vater (ein Mann) um sie. Ihr inneres Kind hatte die dunkle Seite einer Trance der Dummheit, die zum Problem wurde, als die Männer, die sie als Erwachsene anzog, sie behandelten, als ob sie dumm wäre. Das verwirrte sie. Obwohl sie eine einflußreiche Geschäftsfrau war, fühlte sie sich von Männern angezogen, die sie behandelten, als ob sie dumm wäre.

Was war wirklich geschehen? Während der *Beobachter* schlief, wählte das in der Zeit eingefrorene kleine Mädchen in ihr Männer aus und fühlte sich von Männern angezogen, die wie ihr Vater waren. Diese Anziehung war in Wirklichkeit die Anziehung, die die dunkle Seite des inneren Kindes hatte. Außerhalb ihrer bewußten Wahrnehmung suchte sich die dunkle Seite des inneren Kindes Männer aus, die ihrem Vater ähnelten und die in der Gegenwart nichts mit den Männern zu tun hatten, die sie wirklich interessieren könnten.

Manchmal stellte sie selbst fest, wie sie in eine Trance der »Dummheit« verfiel und gab sich im nachhinein dafür einen Tritt. Das wurde das Ziel ihrer De-Hypnose in der Therapie. Sie gestattete es dem Beobachter, zu de-hypnotisieren, zu beobachten und aus seinem Tiefschlaf zu erwachen und sah die Identität eines Kindes, die sie in der Vergangenheit erschaffen hatte. Das befähigte sie, aus der bewölkten Nacht an die frische Luft und den Sonnenschein der Wahlmöglichkeiten aufzutauchen. Wenn Sie sich dehypnotisieren, werden Sie erwachen und das *Sie* hinter der Trance sehen. Sie sind nicht das innere Kind. Das innere Kind ist eine neu-erschaffene Erinnerung des Beobachters.

Wie oben erwähnt erschafft der Beobachter automatisch kindliche Bewußtseinszustände aus der Vergangenheit als Trancezustände der Gegenwart. Man muß die Funktionsweise und die Rolle dieser Trancezustände sehen, die von dem in der Zeit eingefrorenen inneren Kind eingesetzt werden, und das *Sie* hinter dem inneren Kind schätzen lernen. Mein Ziel ist es, Trancezustände und die Methoden, sich über sie hinaus und durch sie hindurch zu bewegen, vorzustellen, damit Sie das *Sie* hinter diesen Trancezuständen erfahren können. Mir liegt besonders am Herzen, Trance zu definieren und zu zeigen, wie wir uns alle in hypnotischen Geisteszuständen, in Trancezuständen befinden, sobald Probleme auftauchen.

Dieses Buch enthält viele Techniken der De-Hypnose, um Ihre »alltäglichen Trancezustände« loszuwerden. Sie haben ein inneres Kind erschaffen, das jetzt den Erwachsenen in Ihnen hypnotisiert und ihn glauben läßt, er sei dieses oder jenes. So glauben Sie vielleicht, Sie seien dumm, unattraktiv, nicht erfolgreich. All diese Trancezustände kommen von der dunklen Seite des inneren Kindes.

Trancezustände stehen in Bezug zum Bewußtseinsfluß. Es handelt sich dabei um Zustände, die ein Aufhalten, eine Verzerrung sowie eine Behinderung darstellen. Trancezustände erfordern ein *Einschrumpfen der Aufmerksamkeit*, was zu bezeichnenden Bewußtseinszuständen führt, die man im allgemeinen Begrenzungen und Probleme nennt. Wer sich de-hypnotisiert, führt den Trancezustand des eingeschrumpften oder zusammengezogenen Gefühls zu der erweiterten Erfahrung, der *Beobachter/Schöpfer* zu sein und sich daher frei zu fühlen.

In den vergangenen Jahren habe ich in meiner klinischen Praxis immer wieder festgestellt, daß alle Symptome, die meine Patienten aufweisen, mit mindestens einem Trancezustand in Verbindung stehen. Anders gesagt, es wurde ziemlich offensichtlich, daß es zumindest einen Trancezustand geben muß, den die dunkle Seite des inneren Kindes wie *Leim* einsetzt, um den Problemzustand aufrechtzuerhalten, damit ein Problem überhaupt ein Problem bleiben kann. Die Identität des inneren Kindes klebt wie mit Leim an *Ihnen*, dem Beobachter, und hält Sie so davon ab, die Wirklichkeit der Gegenwart zu erfahren. Ohne diesen Trancezustand könnte sich das Symptom in unterschiedlichen Situationen nicht immer wieder wie von selbst wiederholen.

Als ich die Trancezustände der dunklen Seite des inneren Kindes zu definieren begann, bestand meine Aufgabe darin, den Patienten die De-Hypnose oder das Aufwecken des *Beobachters/Schöpfers* aus einer Tieftrance bzw. einer Verzauberung, deren sich die Patienten nicht bewußt waren, zu ermöglichen.

Ich möchte einige alltägliche Beispiele anführen. Angst ist die Furcht vor der Zukunft. Ein Patient, dessen jetziges Problem die Angst ist, fällt in die Trance, daß er sich in die Zukunft vorstellt (siehe auch Kapitel 5). Das innere Kind stellt sich eine katastrophale Zukunft vor und hypnotisiert den Erwachsenen in der Gegenwart in eine Trance der Furcht. Natürlich hört der Erwachsene die Selbstgespräche der dunklen Seite des inneren Kindes: »Das funktioniert nie« (Kapitel 7, Innerer Dialog), gefolgt von der Unfähigkeit, andere Optionen zu sehen (Kapitel 8, Abblocken). Die dunkle Seite des inneren Kindes suggeriert dem Erwachsenen, daß nicht genug Zeit zur Verfügung steht und schafft so noch mehr Angst. Vielleicht stellt er sich vor, wie sein Haus gepfändet wird (Kapitel 9, Illusionen erschaffen). Das gegenwärtige Problem, die Angst, ist voller Trancezustände – das ist bei allen Problemen der Fall. Die meisten sind Wiedererschaffungen der dunklen Seite des inneren Kindes. Das innere Kind macht ganz autonom weiter, und der Erwachsene erfährt dabei Situationen der Vergangenheit als Situationen der Gegenwart.

Ein weiteres Beispiel ist die alkoholkranke Patientin, die zu Anfang der Sitzung in eine Altersregression fiel (Kapitel 4, Kindliches Verhalten). Ich bestand darauf, daß sie während dieses Vorgangs Blickkontakt mit mir hielt. Plötzlich konnte sie mich nicht mehr sehen; sie hatte mich wie in einem Nebel verloren. Ich erkannte, daß sie als Kind ihre Eltern *nicht gesehen* hatte, um eine

Distanz zu schaffen und zu überleben. Damit ihr Problem (der Alkoholismus) bestehen konnte, mußte die dunkle Seite des inneren Kindes einen Trancezustand aufrechterhalten, der ihre Beziehung zur Gegenwart veränderte. Sie mußte sich verwandeln, von einer Selbst-zur-Welt-Trance in der Gegenwart zu einem Trancezustand aus Kind-zu-Eltern in der Vergangenheit.

Obwohl sie das Alkoholproblem ihrer Eltern nicht sehen wollte, mußte es (um es nicht zu sehen) ein anderer *dissoziierter Teil* von ihr sehen. Obwohl ein Teil von ihr sich im Nebel versteckte, sah ein anderer Teil das Trinken. Das ist die Kraft der Dissoziation. Die *Beobachterin/Schöpferin* des Trancezustandes *erschafft* und *hält* ein Bild des Nebels und des Trinkens. Jahre später hatte das Kind in der Erwachsenen zwei Seiten: Nebelmacherin und Trinkerin.

Einfacher gesagt: Die Beobachterin nahm ein Bild des kleinen Mädchens auf, das ihren Eltern beim Trinken zusah. Um das zu bewältigen, ließ das kleine Mädchen ihre trinkenden Eltern *in einem Nebel verschwinden*, damit sie nicht erfahren mußte, was geschah. Als ich sie zwang, im therapeutischen Prozeß Blickkontakt mit mir zu halten, wurde sie wieder zu dem kleinen Mädchen in der Erwachsenen, die einen Nebel erschuf, um zu überleben. Die Erinnerung an ihre trinkenden Eltern »tauchte auf« (die andere Seite des inneren Kindes). Wir werden an späterer Stelle noch auf die Vorgehensweise eingehen, mit deren Hilfe ich ihren Nebel auflösen und sie de-hypnotisieren konnte, so daß sie in ihrem Leben nicht länger automatisch in einem Nebel verschwand und nicht länger das Alkoholproblem ihrer Eltern leugnete.

Der Leim, der das Trinken zusammenhielt, war ein Trancezustand, den ich »Abblocken« nenne oder »Nicht sehen, was da ist«. Ich löste dieses Abblocken auf, indem ich suggerierte, daß das Kind in ihr im Nebel Transparenz, Durchsichtigkeit, Lichtdurchlässigkeit und Farben wahrnimmt. (Siehe auch Kapitel 8, Abblokken)

Da die dunkle Seite des inneren Kindes den Weg des Abblockens als Teil ihres »eingefrorenen Verhaltensmusters« nicht länger verfolgen konnte, war es ihr auch nicht möglich, die kindliche Trance des Trinkens in der Gegenwart aufrechtzuerhalten.

Wenn ich meine Patienten genau beobachte, bemerke ich, welche Trancezustände ihr inneres Kind als Leim einsetzt, um ihre Probleme zusammenzuhalten. Wenn die einzelnen Trancezustände losgelassen werden, verliert das Problem seine Fähigkeit, sich selbst zu wiederholen.

Ich beabsichtige, in diesem Buch die vielen Konzepte und Vorstellungen zu umreißen, die mir in den letzten 20 Jahren der Arbeit mit meinen Patienten klarwurden, damit die Leser und Leserinnen den *nächsten Schritt* machen können: ihr eigenes inneres Kind de-hypnotisieren, es beruhigen und ihr wirkliches Leben leben. Ich schlage ein Modell der »Geheilten« vor, anstatt ein Leben lang »auf dem Weg zur Heilung« zu sein. Wer die dunkle Seite des inneren Kindes und die vom inneren Kind eingesetzten Trancezustände versteht, hat die Möglichkeit, problematische Trancezustände zu identifizieren und sich von ungewollten Verhaltensweisen, Emotionen oder Gefühlen zu de-hypnotisieren.

Schlußfolgerung

Die Erkenntnis, daß Trancezustände der Leim der Probleme sind, erfordert eine Gelegenheit zu forschen, zu definieren und Ihre eigenen Trancezustände sowie die Trancezustände anderer auszumachen. Dieses Buch ist ein praktischer Führer für all jene, die selbst forschen wollen und ihre Trancezustände sowie die dunkle Seite ihres inneren Kindes bewältigen wollen.

Die folgenden Kapitel untersuchen ausführlich zehn typische Trancezustände, die das innere Kind hervorgerufen hat und in denen es lebt.

4

Altersregression: Wenn man sich verhält, als ob man jünger wäre

Ich träumte von früher
mein Herz schlug schnell,
ich verlor die Kontrolle
ich verlor die Kontrolle …

Ich fühlte mich unsicher
du liebst mich nicht mehr
ich zitterte innerlich
ich zitterte innerlich

Ich wollte dir nicht weh tun
es tut mir leid, daß du meinetwegen weinst
ich wollte dir nicht weh tun
ich bin einfach nur eifersüchtig.

Jealous Guy, John Lennon

In diesem Song von dem Album *Imagine* spricht Lennon von zwei Trancezuständen: Zum einen wird er vom Erwachsenen der Gegenwart zum verletzten Kind der Vergangenheit. Zum anderen hat er die Kontrolle nicht verloren, vielmehr wurde er zum inneren Kind, das eingefroren war, die Kontrolle verloren hatte und zitterte, ängstlich und eifersüchtig. Lennon hätte den Song auch »Das eifersüchtige, verletzte Kind« nennen können anstatt »Jealous Guy«*, denn, um diese Gefühle zu verspüren, mußte er zum inneren Kind werden (das von der Vergangenheit träumt) und eine

* Deutsch: Eifersüchtiger Kerl. (Anm. d. Ü.)

Altersregression durchlaufen (um jünger zu werden, als er tatsächlich war).

Kommt uns allen dieser Vorgang nicht vertraut vor? Unser Partner sieht uns auf bestimmte Weise an und plötzlich werden wir von einer Flutwelle der Emotionen überschwemmt. Das ist die dunkle Seite des inneren Kindes, ein automatisches Reaktionsmuster, das uns überwältigt und die Gegenwart in unseren Augen wie die Vergangenheit aussehen läßt.

Die Altersregression – das Gefühl, jünger zu sein als man ist – bildet den Eckstein der Identität des verletzten Kindes. Hier macht der *Beobachter* ein Bild eines traumatischen Vorfalls und hält dieses Bild (Erinnerung) des kleinen Kindes, das ein Trauma durchlebt, fest. Das Bild zeichnet das, den Schmerz, die Gefühle auf. Wann immer irgend etwas diesem Bild ähnelt, übernimmt die dunkle Seite des inneren Kindes und reproduziert Erinnerungen und Gefühle, die mit der gegenwärtigen Wirklichkeit wenig zu tun haben. Kurz gesagt: Die dunkle Seite des inneren Kindes projiziert einen Vorfall der Vergangenheit auf eine gegenwärtige Situation.

Altersregression ist die am weitesten verbreitete Trance und bezieht sich direkt auf eine in der Zeit eingefrorene Erfahrung, die unangenehm und zu verwirrend oder chaotisch für das Kind war, um sie vollständig erfahren und integriert zu haben; daher lehnt der Beobachter die Erfahrung ab und läßt die Erinnerung an das Geschehen einfrieren. Diese Erfahrung des »Feststeckens« an einem Ort der Vergangenheit oder an einem bestimmten Punkt in der eigenen Geschichte ist das Feststecken des inneren Kindes, nicht das des Erwachsenen der Gegenwart. Darum reden, fühlen oder reagieren Sie als Erwachsener auf eine bestimmte Art und Weise, die außerhalb Ihrer Kontrolle liegt, und Sie können nicht verstehen, warum das so ist. Sie reagieren auf die Welt durch die Identität des inneren Kindes, das die Parameter für künftige Begrenzungen im interpersonellen Bereich festsetzt. Mit anderen Worten: Sie sehen Ihre gegenwärtige Beziehung durch das Fenster der Vergangenheit des inneren Kindes. Das begrenzt unsere Sicht, unsere Ressourcen, unsere emotionalen Parameter und unsere Entscheidungen.

Lassen Sie uns einmal das Beispiel einer Mutter betrachten, die möchte, daß ihr Kind ihr »Freude macht«. Wenn man ein Kind bittet, der Mutter zu Gefallen zu sein, damit es geliebt wird, Aufmerksamkeit und Bestätigung erhält, so kann dies für das Kind traumatischer sein als man normalerweise denkt. Wenn man ein Kind bittet, das aufzugeben, was es will, oder sogar »sich selbst aufzugeben«, um der Mutter zu gefallen und somit zu überleben, dann fordert man es dadurch auf, ein inneres Bedürfnis aufzugeben. In der Verwirrung und dem Chaos bei der Festlegung einer Überlebensstrategie erschafft der Beobachter die Identität* des gefälligen Kindes. In diesem Fall gibt sich das Kind auf und unterdrückt seine inneren Wünsche und Sehnsüchte. Tatsächlich wird in vielen Fällen von Co-Abhängigkeit der Aspekt des Kindes, der gefallen will, von einer Schicht der Wut überdeckt.

In diesem Beispiel hat das »gefällige« innere Kind, das vom Beobachter erschaffen wurde, auch eine wütende dunkle Seite, die der gefallen wollende Teil maskiert. Wären Sie nicht auch wütend, wenn Sie jemandem zu Gefallen sein müßten, nur um von ihm geliebt zu werden? Häufig sind die Patienten, mit denen ich arbeite, latent auf Sparflamme wütend oder gereizt. Die Schuld dafür geben sie der Welt. Wenn eine Patientin zu mir sagt: »Ich bin dauernd wütend auf die Welt«, dann frage ich sie: »Welches Bedürfnis in Ihnen ist unerfüllt?« Frustration und Ärger werden ausgelöst, wenn man nicht bekommt, was man braucht oder möchte. Häufig werden wir wütend und geben der Außenwelt die Schuld, anstatt uns selbst zu fragen »Was möchte ich und bekomme es nicht?«

Dies unterbricht die Wut und die Schuldzuweisung des inneren Kindes an die Außenwelt, indem es den Erwachsenen zu der Erkenntnis des Bedürfnisses zwingt, das er hat und das nicht erfüllt, anerkannt oder beachtet wird.

---

* Im Original spricht Stephen Wolinsky von der »I-dentity« (»I« = engl.: »ich«). Damit möchte er ausdrücken, daß das Ich der Vergangenheit dem Ich der Gegenwart hinzugefügt wird. Dies wird im Kapitel 6 näher ausgeführt. (Anm. d. Ü.)

Schuldzuweisung

»Es ist eine solche Erleichterung, wenn man weiß, wem man die Schuld geben kann. Wenn Sie leiden, muß irgendwer dafür verantwortlich sein ... Bei Schuldzuweisungen tritt man häufig die Verantwortung für Entscheidungen und Beschlüsse, für die man in Wirklichkeit selbst verantwortlich ist, an jemand anderen ab. In den Systemen der Schuldzuweisung (Trancezuständen) wird einem ständig von jemand anderem etwas angetan, und man selbst hat keinerlei Verantwortung, wenn es darum geht, die eigenen Bedürfnisse einzuschätzen, nein zu sagen oder sich das, was man will, anderswo zu holen.« [3]

Natürlich ist es schwierig, vom Partner oder Lebensgefährten direkt zu erbitten, was man möchte, denn die dunkle Seite des verletzten inneren Kindes möchte nicht bitten. Bitten heißt zu verletzlich sein; es ist zu risikoreich, denn das Kind wird bestraft, wenn es offen ist. Häufig suggerieren die Eltern: »Was glaubst du eigentlich, wer du bist?« oder »Denkst du denn, Geld wächst auf Bäumen?«. In Indien (siehe auch Kapitel 14, Spiritualisieren) glaubt man, daß das Aussprechen dessen, was man will, bzw. gar das Wollen selbst die Quelle aller menschlichen Probleme sei. In vielen Situationen lernt das Kind zu bekommen, was es will, indem es nicht direkt fragt, sondern vielmehr indirekt handelt. Das wird von Mutter und Vater häufig vorgelebt; sie zeigen dem Kind, wie man bekommt, was man will, ohne zu fragen. Die Eltern leben diese Manipulation vor, und Jahre später wird das Kind im Erwachsenen wütend auf den Ehepartner, weil der Partner die Signale des inneren Kindes nicht »gedankenlesen« kann. Oft kommt es in einer Beziehung dazu, daß man sich beschwert, weil der Partner nicht weiß, was man will, da man ja auch nicht darum gebeten hat.

Ich hatte einmal einen Patienten, der an der Beziehung zu seiner Mutter arbeitete. Ich fragte ihn: »Was wollen Sie von ihr?« Das innere Kind antwortete: »Ich will, daß sie mir alles gibt, was ich jemals wollte, wann immer ich es wollte, ohne daß ich sie danach fragen muß.« Der Erwachsene erkannte, wie abwegig die Forderung des inneren Kindes war und konnte sie loslassen.

Das Abschneiden unserer Gefühle ist traumatisch. Häufig muß das Kind seine eigenen Wünsche und Sehnsüchte unterdrükken oder vorgeben, daß sie nicht wichtig seien. Jahre später weiß es selbst nicht mehr, was es will. Der bekannte Psychiater Dr. Wilhelm Reich verglich in seinem Buch *Die Ermordung Christi* die natürliche Lebenskraft oder Energie mit Christus. Reich deutet an, daß die Eltern bei dem Versuch, ein Kind anzupassen und seine Gefühle oder Bedürfnisse wegzuerziehen, die natürliche Lebenskraft des Kindes »töten«. Reich nennt dies die »emotionale Pest«. Reich stellt fest, daß, wenn die eigene Lebenskraft getötet oder unterdrückt wurde, man in der Folge andere zwingen wird, ihre natürliche und emotionale Energie zu unterdrücken. Einfacher gesagt: In demselben Maß, wie unsere Lebenskraft von anderen unterdrückt oder getötet wurde, versuchen wir, die Lebenskraft anderer zu unterdrücken oder zu töten.

In den letzten Jahren hat das uralte Heilsystem der Akupunktur, das in Asien schon lange anerkannt ist, im Westen zunehmend an Bekanntheit gewonnen. Warum? – Wir fangen, wie Wilhelm Reich, an zu glauben, daß Krankheit durch Unterbrechungen des natürlichen Energieflusses im Körper verursacht wird.

Ein Beispiel: Eine Frau, die von ihrer Familie behandelt wird, als ob sie »nicht intelligent« wäre, kann das als schmerzlich empfinden und mit aller Kraft versuchen, dagegen anzukämpfen. In ihrem Inneren erschafft das eingefrorene innere Kind dennoch ständig die Trance »Ich bin nicht klug«. Dieses Phänomen tritt häufig in Menschen auf. Oft begleiten körperliche Symptome, wie migräneartige Kopfschmerzen, Magengeschwüre und Kolitis, diese emotionalen Probleme. Schließlich erfordert es ja auch viel Energie, die natürliche Lebenskraft des Körpers aufzuhalten. Interessant ist, daß man das Wort »Emotion« aufsplitten kann in »E«, das bedeutet *nach außen*, und »Motion«, das heißt *Bewegung* – also »Bewegung nach außen«. Psychologisch und physisch gesehen, kann eine Unterbrechung der Bewegung nach außen sowohl seelische als auch körperliche Krankheiten verursachen.

Im nächsten Beispiel wollen wir uns ein Kind vorstellen, das eine machtvolle Energie in bezug auf seine Mutter hat. Die Mutter nennt diese Energie »Wut« und »arbeitet ihr entgegen« – entweder durch Worte, durch Bestrafungen oder durch Liebesentzug. Dieser nach außen gerichtete Fluß der Energie, der nun »Wut« genannt wird, muß irgendwohin strömen. Wohin strömt er? Das Kind richtet ihn gegen sich selbst und schafft Wut auf sich selbst, Selbsthaß, Schuldgefühle und/oder Depressionen. Ich hatte vor kurzem einen Patienten, der immer, wenn er wütend wurde, eine Halsentzündung bekam. Als wir uns auf seinen Hals konzentrierten, tauchte das Bild seines Vaters auf. Als ich ihn bat, der Wut auf seinen Vater Ausdruck zu verleihen, konnte er kaum sprechen. Ich fragte ihn: »Was würden Sie Ihrem Vater gern sagen?« Er erwiderte: »Ich würde ihn am liebsten erwürgen.« Als ich ihn bat, seine Hände auszustrecken und es zu tun (vor seinem geistigen Auge), kontrahierten sich seine Halsmuskeln, und er hatte den Drang, sich selbst zu erwürgen. Hier sehen wir jemanden, der unfähig ist, die nach außen auf den Vater gerichtete Bewegung auszudrücken, und sie statt dessen gegen sich selbst richtet und sich »erwürgt«. Das Ergebnis: ein chronisch entzündeter Hals.

Wenn im Leben ein Problem auftaucht, bewirkt das häufig, daß man »sich jünger fühlt« – eine Eigenschaft, die sich selbst wiederholt, nicht nur auf emotionaler und körperlicher Ebene, sondern auch auf einer kognitiven Ebene. Man kann davon ausgehen, daß jedes Problem ein Element der Altersregression enthält (sich jünger zu verhalten, als man tatsächlich ist). Dies ist das Signal: Das innere Kind hat das Steuerruder übernommen.

Wie bei allen Trancezuständen und Identitäten beeinflußt das altersregredierte innere Kind den Erwachsenen in der Gegenwart. Damit will ich sagen, daß der *Beobachter* die Identität des inneren Kindes einfriert und ausschließlich durch dieses Fenster mit der Welt der Gegenwart in Beziehung tritt. Interessanterweise fühlt sich diese »Angst« eingefroren und kalt an, eine weit verbreitete Beschwerde vieler meiner Patienten. Mit anderen Worten: Der *Beobachter* friert die Erinnerung mittels Furcht ein. Furcht wird daher zum Mittel, das der *Beobachter* einsetzt, um den natürlichen Fluß einer Erinnerung einzufrieren.

Das innere Kind bezieht sich auf den Erwachsenen in der Vergangenheit, anstatt auf den Erwachsenen in der Gegenwart. Ich habe zum Beispiel einmal mit einer geschiedenen Frau gearbeitet, deren Ehemann sich ständig einbildete, sie sei eine Schlampe. Ungeachtet dessen, was sie tat, um ihn vom Gegenteil zu überzeugen, behauptete er weiterhin, daß das so sei. Eines Tages hatte sie beim Mittagessen Blickkontakt mit ihm und bemerkte einen Film, der über seinen Augen lag. Er hatte sich von einer Interaktion der Gegenwart (Selbst-zu-Frau) in einen Trancezustand des inneren Kindes (Kind-zu-Mutter) begeben und sah irgendein Bild seiner Mutter aus der Vergangenheit, das er über das Bild seiner Frau in der Gegenwart stülpte.

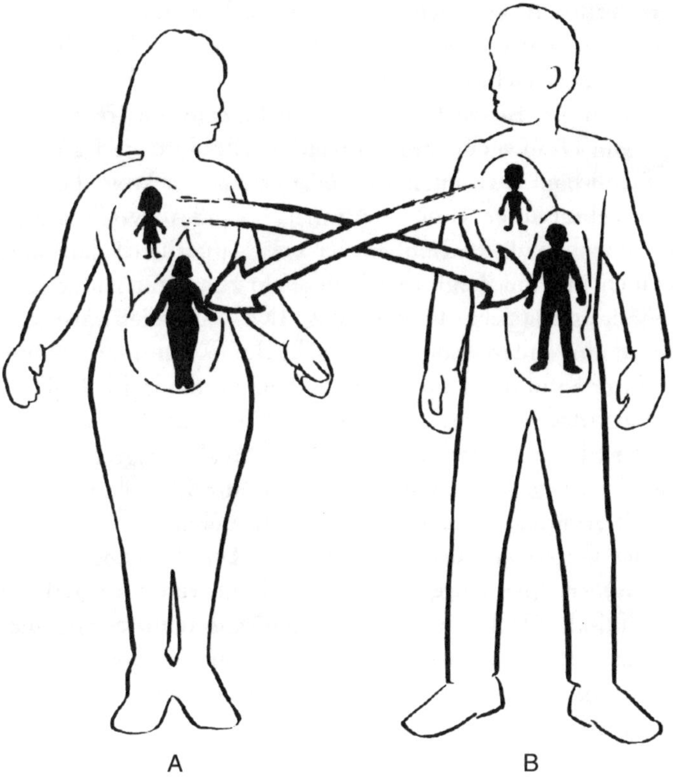

ABBILDUNG 2

Dieser Vorgang, sich in das innere Kind hinein zu bewegen, erklärt, warum wir uns in unseren Beziehungen so häufig allein fühlen. Wir bewegen uns von »Ich-zu-anderen« in der Gegenwart zu »Kind-zu-Eltern« in der Vergangenheit. Das innere Kind wird zum Hypnotiseur, der dem Erwachsenen der Gegenwart, der die Versuchsperson ist, Suggestionen einflüstert. Dadurch verlieren wir die Verbindung zu anderen Menschen und zur Gegenwart, und daher fühlen wir uns einsam, unverstanden und entfremdet.

In Abbildung 2 sehen wir, wie das innere Kind von Person B den verinnerlichten Elternteil in Person A hypnotisiert. Interessanterweise hypnotisiert das innere Kind von Person A den Elternteil in Person B. Hierbei handelt es sich um *Trance*-ferenz und Gegen*trance*-ferenz – Ecksteine der Problemzustände, die in Beziehungen auftreten.

Im obigen Beispiel, bei dem die Frau in die Ich-bin-nicht-klug-genug-Trance des inneren Kindes fällt, wird sie wahrscheinlich einen Mann auswählen, der sie auf ebendiese Weise behandelt. Diese wechselseitige Trance des inneren Kindes zwischen ihr und ihrem Ehemann könnte möglicherweise eine Neu-Schaffung sowohl ihres inneren Kindes als auch seiner Familientrance des inneren Kindes sein (siehe Abbildung 2). Die Trance des inneren Kindes wird eingefroren oder durch eine Reihe von interpersonellen Interaktionen in der Familie erschaffen, die die individuellen Erfahrungen des JETZT übernehmen. Im wesentlichen werden sowohl der Ehemann als auch die Ehefrau zu altersregressiven Identitäten ihrer inneren Kinder, projizieren ihre Eltern auf den Partner und verlieren so ihre gegenwärtige Beziehung.

Die Altersregression beschreibt den Vorgang, den ein Erwachsener durchläuft, wenn er zum inneren Kind wird. Das schafft blinde Flecke. Eine Beziehung kann nicht funktionieren, wenn keine der beiden Personen sich in der Gegenwart befindet. Interaktionen sind »in der Zeit eingefroren«, weil das JETZT so erfahren wird, als wäre es eine Zeit der Vergangenheit. Folgerichtig erscheint das Verhalten, als ob es auf die Gegenwart bezogen wäre, während sich die Person in Wirklichkeit so verhält, als ob sie ein Kind oder ein Jugendlicher innerhalb ihrer Familie wäre.

Die Aufgabe

1. Stellen Sie fest, wann Sie sich jünger fühlen oder jünger werden, als Sie tatsächlich sind.
2. Achten Sie darauf, wann dies eintritt und wodurch es ausgelöst wird.
3. Achten Sie darauf, wo in Ihrem körperlichen oder geistigen Raum das innere Kind wohnt. Befindet sich das innere Kind zum Beispiel im geistigen Bereich, in Ihrem physischen Körper oder an beiden Stellen?
4. Beobachten Sie die Identität des inneren Kindes genau.
5. Beobachten Sie die Identität des erschaffenen inneren Kindes, und übernehmen Sie die Verantwortung dafür.
6. Denken Sie daran, daß Sie der *Beobachter* und Schöpfer des Identitätsfensters des inneren Kindes sind, durch das Sie blicken.
7. Lernen Sie, wie Sie aufhören können, das Fenster der Identität des inneren Kindes zu erschaffen, durch das Sie die Realität der Gegenwart sehen.

Die Altersregression ist ein Trancezustand und wird als grundsätzlicher Vorgang verstanden, während dem der Beobachter sich von der Gegenwart zu einem eingefrorenen Bild des Kindes bewegt, das in der Vergangenheit mit einem Erwachsenen interagiert. Der *Beobachter* nimmt dieses Bild der Vergangenheit und stülpt es über bzw. *trance*-feriert es auf die Erfahrungen der Gegenwart. Der *Beobachter* sieht die Welt durch die Augen der dunklen Seite des inneren Kindes, indem er das überdeckt, was tatsächlich geschieht. Wenn man diese Gewohnheit unterbricht, wird der *Beobachter* de-hypnotisiert, und die Erinnerung (das Bild) wird wieder in die lineare Zeitabfolge eingegliedert. Solange die Erinnerung und das innere Kind außer Kontrolle sind, werden sie eigenständig »auftauchen« – außerhalb des Bewußtseins des Erwachsenen.

Lassen Sie uns beispielsweise annehmen, die *Beobachterin* beobachtet ein kleines Mädchen in den 50er Jahren dieses Jahrhunderts. Das kleine Mädchen wird von Onkel Henry sexuell mißbraucht. Zu jener Zeit kann die *Beobachterin* nicht verstehen, was geschieht, und spürt Chaos und Verwirrung. In diesem Chaos »friert«

die *Beobachterin* diese Tat wie in einem Film ein und schützt so das kleine Mädchen. Die *Beobachterin* entscheidet: »Vertraue Männern niemals, sonst wird das wieder geschehen« oder »Erinnere dich immer daran, damit das nicht noch einmal vorkommt«. 1993 hat die 42 Jahre alte Frau ein verletztes inneres Kind, das immer dann auftaucht, wenn John versucht, sich ihr intim zu nähern. Die Frau der Gegenwart durchläuft eine Altersregression und wird zum verletzten Kind, das einfriert, sich fürchtet und vielleicht weiß warum, vielleicht aber auch nicht. De-Hypnose löst den Trancezustand der Vergangenheit auf, so daß die auftauchende Erinnerung als Erinnerung in den Hintergrund gestellt werden kann, anstatt in den Vordergrund *trance*-feriert zu werden, zu einer Wirklichkeit der Gegenwart.

In diesem Fall macht sich die *Beobachterin* ein Bild des mißbrauchten kleinen Mädchens und des Täters (Onkel Henry). Beide Teile leben im inneren Kind, d.h. sowohl Opfer als auch Täter. Diese beiden Teile des inneren Kindes werden noch Jahre später die Art und Weise beeinflussen, wie Männer gesehen werden. Daher wird entweder der Täter auf alle Männer *trance*-feriert, und das Opfer fürchtet sich, oder das Opfer wird auf ein Kind *trance*-feriert, und der Täter-Teil des inneren Kindes übernimmt die Kontrolle und mißbraucht. Es ist der Täter-Teil des inneren Kindes, der Kinder mißbraucht; daher zeigen Untersuchungen, daß fast alle Kindesmißbraucher als Kinder selbst mißbraucht worden sind. Lassen Sie mich noch ein Beispiel anführen:

Vor kurzem habe ich mit einer Patientin gearbeitet, die darüber klagte, wie sehr sie sich selbst hasse und daß sie eine Stimme in ihrem Kopf hören könne, die sage: »Du bist schlecht«, »Du verdienst es, bestraft zu werden« und »Ich hasse dich«. Wir fanden heraus, daß sie als Kind von ihrem Stiefvater körperlich mißbraucht worden war, der dabei *genau* diese Worte zu ihr sagte. Die *Beobachterin* hatte sich ein Bild des geschlagenen Kindes und des Stiefvaters gemacht. Beide lebten in ihr, und sie konnte Stimmen in sich hören, die sagten: »Du bist schlecht«, »Du verdienst es, bestraft zu werden« und »Ich hasse dich«. Dieser Teil des inneren Kindes war mit dem Täter verschmolzen, zum Täter geworden. Daher wurde die Stimme des Täters (hypnotische Suggestion) zur Stimme der dunklen Seite des inneren Kindes.

Abbildung 3

Die Stimmen und das daraus folgende niedrige Selbstwertgefühl waren ein Trancezustand der Vergangenheit, der vom Täter stammte. Sobald das innere Kind mit der Stimme verschmolzen war, lebte der Täter sogar noch Jahre später in der Erwachsenen als eine Identität des inneren Kindes weiter und flüsterte der Erwachsenen abscheuliche Suggestionen zu. Wir sprechen in Kapitel 7 (Der innere Dialog) ausführlicher darüber. Im Augenblick genügt es, wenn wir festhalten, daß ein wesentlicher Punkt in der Behandlung von Inzestopfern die Verschmelzung mit dem Täter ist (siehe auch Abbildung 3). Das Opfer friert Erinnerung und Widerstand im Chaos der Situation ein, was die Erinnerung eigenständig auftauchen und aus eigenem Entschluß zum Vordergrund werden läßt. **Die De-Hypnose rückt die Erinnerung wieder in den Hintergrund und macht die Gegenwart zum Vordergrund.**

Es ist von entscheidender Bedeutung, das innere Kind sowie den Trancezustand zu entdecken, der die Probleme an Ort und Stelle hält. Dann kann mit dieser Erfahrung gearbeitet werden, damit die Verantwortung dem Beobachter, dem Schöpfer des inneren Kindes, übertragen werden kann. Ihre Aufgabe ist es, den Trancezustand Ihres inneren Kindes zu beobachten und anzuerkennen. Diesen Trancezustand haben Sie bislang wahrscheinlich als Ihr Problem bzw. Ihr Symptom bezeichnet. Da der Trancezustand ursprünglich als Überlebensmechanismus in Ihrer Familie eingesetzt wurde, nennen wir ihn eine »Familientrance«, denn Sie waren als Kind die Versuchsperson und Ihre Eltern die Hypnotiseure. Der einzelne Mensch hat gelernt zu überleben, indem er seine Trancefähigkeiten in seiner Familie einsetzte. Kinder, die der Familientrance nicht gehorchen, werden als »schlecht« oder als »Unruhestifter« etikettiert. Man fällt in einen Trancezustand und merkt nicht, daß man sich wie ein Kind aufführt. Das ist der Prozeß der Altersregression.

Hier noch ein Beispiel: Das kleine Mädchen, das auf dem Schoß des Vaters sitzt und lernt, »süß« zu sein, damit der Vater ihr ein neues Kleid kauft, ist dasselbe kleine Mädchen, das auf dem Schoß ihres Ehemanns sitzt und süß ist, um das zu bekommen, was sie will. Das sind genau dieselben Trance-Erfahrungen des inneren Kindes. Die Trance der Altersregression führt zur Verwirklichung eines Phänomens in der Gegenwart, daß nämlich der Erwachsene der Gegenwart zum Kind der Vergangenheit wird.

Sie konstruieren Ihre Erfahrung durch den Prozeß der Altersregression, indem Sie Ihre Erfahrung der Gegenwart subjektiv verändern. Die Aufgabe ist nun, aus Ihrem Traumwandeln, aus dem Kind der Vergangenheit, aufzuwachen und zum *Beobachter/Schöpfer* Ihrer Erfahrung in der Gegenwart zu werden. Sobald man einmal aus der Trance des inneren Kindes erwacht ist, stehen Ressourcen der Gegenwart zur Verfügung, die dem Kind *nicht* verfügbar waren.

Wenn die Trance aufgelöst wird, verlieren die Probleme der Gegenwart ihre Macht. Das letzte Trancebeispiel, das wir »Süßsein« genannt haben, war zum ständigen festen Bestandteil ihrer Erfahrung geworden. Ihre Trance funktionierte als Überlebensmechanismus. Um in der kindlichen Umwelt zu überleben, hatte diese Frau eine Tranceerfahrung namens »Süßsein« entwickelt. Es funktionierte in der damaligen Situation und bestimmte Vorfälle ihrer gegenwärtigen Erwachsenenumwelt lösen in ihrem Kind etwas aus, das die Erwachsene in der Gegenwart hypnotisiert.

Der nächste Schritt: Mit der Altersregression arbeiten

Er-innern Sie sich. Sich zu er-*innern* bedeutet, die Wirklichkeit der Gegenwart zu verinnerlichen.

Wenn Sie mit altersregressiven Zuständen vollständig und ganz umgehen wollen, dann lassen Sie es zu, daß sich die Erfahrung, gegen die Sie sich wehren, entfaltet. Mit anderen Worten, Sie müssen einen Blick auf das Chaos (Trauma) bzw. die Erinnerung werfen, die den Beobachter dazu veranlaßte, die »Handlung aufzuhalten« oder während des Films auf den »Pausenknopf« zu drücken. Der Widerstand dagegen, genau hinzusehen, was geschah, ließ den Film »anhalten«, um wieder und wieder und immer wieder von neuem angesehen zu werden.

1. Schritt: Erkennen Sie die Trance.
Der wichtigste Schritt, um aus der Trance des inneren Kindes herauszukommen, besteht in der Erkenntnis, daß man überhaupt darin ist. Richard Alpert (Ram Dass) würde sagen:

> *»Um aus dem Gefängnis auszubrechen, muß Ihnen zuerst einmal klar sein, daß Sie überhaupt einsitzen.«*[4]

Tatsache ist, daß 90 Prozent des Vorgangs in der Erkenntnis bestehen, daß es »im Innern ein handelndes Kind gibt«. Warum? – Weil Sie aus der Trance des inneren Kindes heraustreten müssen, um zu bemerken oder sich bewußt zu sein, daß Sie sich als Erwachsener in einer Altersregression befinden. Wenn Sie das altersregredierte Kind *bemerken* und beobachten, sind Sie der *Beobachter*, und das ist der erste, ganz wesentliche Schritt.

2. Schritt: Beantworten Sie die folgenden Fragen, und erstellen Sie eine Liste mit den Antworten.
1. Frage: *Ort.* Fällt Ihnen auf, an welcher Stelle in Ihrem physischen Körper bzw. Ihrem geistigen Raum die Identität des inneren Kindes sitzt?
2. Frage: *Selbstwert.* Wenn Sie mit dieser Identität verschmelzen, verändert sich dann die Art und Weise, wie Sie Ihre eigene Person sehen? Wenn ja, auf welche Weise?
3. Frage: *Weltsicht.* Wenn Sie mit dieser Identität verschmelzen, verändert sich dann Ihre Sicht der Welt? Wenn ja, auf welche Weise?
4. Frage: Sind mit dieser Identität irgendwelche Emotionen oder Gefühle verbunden? Welche?

3. Schritt: Nun, da wir mehr Klarheit über diese Identität des inneren Kindes haben, stellen Sie der Identität zwei weitere Fragen, und schreiben Sie Ihre Antworten auf. Stellen Sie diese Fragen solange, bis nichts mehr auftaucht.

1. Frage: Gegen welche Erkenntnis über sich selbst wehrt sich die Identität des inneren Kindes?

2. Frage: Gegen welche Erfahrung wehrt sich die Identität des inneren Kindes?

Lassen Sie die Antworten aus der Identität des inneren Kindes kommen, und schreiben Sie sie auf.

4. Schritt: Hausaufgaben.
Merken Sie sich Ihre Antworten, und beobachten Sie in der kommenden Woche, wie oft Sie diese Identität annehmen und zu ihr werden.

5. Schritt: Geben Sie der Identität einen Namen, zum Beispiel Verlierer, Opfer, Manipulator. Jedesmal, wenn Sie auftaucht bzw. wenn Sie bemerken, daß Sie innerlich mit dieser Identität verschmelzen, nennen Sie sie beim Namen, also Opfer, Verlierer, etc. Das wird Ihnen helfen, sich von dieser Identität wieder zu trennen, nicht länger das innere Kind zu sein und so wieder zum *Beobachter* der Gegenwart zu werden.*

Schlußfolgerung

Wenn wir uns mit beiden Seiten der Trance des inneren Kindes identifizieren, können wir seine Funktionsweise beobachten. Ebendiese Selbstbeobachtung der Art und Weise, wie das innere Kind funktioniert, führt zu Bewußtsein. Bewußtsein ist das Lösungsmittel für den Leim der automatischen Trancezustände des Kindes im Erwachsenen. Um etwas aufzugeben, müssen Sie zuerst wissen, was es ist. Wenn man diese Übungen anwendet, geben sie uns das Bewußtsein, das nötig ist, um die Art und Weise, wie die Identität des inneren Kindes funktioniert, zu erkennen, damit wir diese Identität aufgeben und in die Gegenwart zurückkehren können.

---

* Der Ansatz, Subpersönlichkeiten einen Namen zu geben, wurde von Roberto Assagioli in der *Psychosynthese* entwickelt. (Anm. des Autors)

5

Sich die Zukunft vorstellen

Das Leben geschieht einem, während man damit beschäftigt ist, andere Pläne zu schmieden.

Beautiful Boy, John Lennon

In John Lennons klassischem Song *Beautiful Boy* beschreibt er ein Phänomen, das wir alle kennen: unser Körper befindet sich in der Gegenwart, aber unser Geist reist in die Zukunft. Sich-die-Zukunft-Vorstellen beschreibt diesen Vorgang, ob man für die Zukunft plant, sich eine künftige Katastrophe vorstellt, an ein angenehmes zukünftiges Ereignis denkt oder sich einfach vorstellt, wie man mit jemandem in der Zukunft spricht. Diese Trance kommt von der dunklen Seite des in der Zeit eingefrorenen Kindes und hält uns auf Distanz zur Wirklichkeit der Gegenwart.

In H. G. Wells unsterblichem Klassiker *Die Zeitmaschine* ist ein Mensch in der Lage, in der Zeit vorwärts und rückwärts zu reisen. Die Probleme damit, daß man sich die Zukunft vorstellt, sind: 1. Die Reisen finden nicht in der »wirklichen Zeit«, sondern in einer imaginären Zeit statt, und 2. in der Zeitmaschine hat der Reisende durch einen Hebel die Wahl, bei den automatischen Zukunftsvisionen hat man keine Wahl. Der Betreffende findet sich in der Zukunft wieder. Häufig klagen die Patienten über Angstzustände (Angst vor der Zukunft). Allzuoft ist diese Angst vor der Zukunft die Angst vor einer imaginären Zukunft.

Nehmen wir an, ich habe eine Beziehung und bin »verliebt«. Ich muß geschäftlich für eine Woche verreisen und stelle mir unterwegs vor, meine Freundin hätte eine Affäre. Die Phantasie geht weiter: Ich stelle mir vor, wie ich einige Tage später nach Hause komme, in meine Wohnung gehe und allein und unglücklich bin.

Das Komische am Sich-die-Zukunft-Vorstellen ist, daß man den Schmerz der imaginären Situation *genau jetzt* verspürt, obwohl es die Phantasie einer katastrophalen Zukunft ist.

1. Sich Katastrophen vorstellen

In Albert Ellis' Kognitiver Therapie wird eine bestimmte Art des Sich-die-Zukunft-Vorstellens kategorisiert: Sich-Katastrophen-Vorstellen.

> *»Gedanken an Katastrophen beginnen häufig mit den Worten: Was, wenn … Was, wenn meine Tochter schwanger wird? Was, wenn ich meinen Job verliere? Was, wenn ich krank und arbeitsunfähig werde?«* [5]

Sich-Katastrophen-Vorstellen, ein Bereich des Sich-die Zukunft-Vorstellens, findet statt, wenn jemand sich selbst in die Zukunft projiziert und sich ein katastrophales Ereignis vorstellt. Wie oben erwähnt, besteht die Angst aus der Vorstellung eines katastrophalen Ergebnisses und der Erfahrung von Streß *im gegenwärtigen Augenblick*. Diese Trance der dunklen Seite des inneren Kindes findet statt, wenn das Kind das Trauma in seinem Leben sieht. Das Kind *nimmt an*, daß sein Leben immer so sein wird. Als Erwachsener läßt das Kind im Erwachsenen ständig Katastrophen auftauchen und denkt, sie seien real. Das Ergebnis ist Schmerz und Leid in der Gegenwart. Hier werden Katastrophen der Vergangenheit auf die Zukunft projiziert.

2. Phantasieren

Bei dieser Art des Sich-die-Zukunft-Vorstellens stellt sich das Kind ein angenehmes Erlebnis in der Zukunft vor. Das angenehme Erlebnis der Vorstellung schützt das Kind vor dem Streß fortwährender Interaktionen in der Familie. Ein Kind wartet beispielsweise darauf, daß es »das große Los zieht«, oder es stellt sich vor, sein Talent würde »entdeckt«, oder es versetzt sich in eine Zeit, in der man sich »um es kümmert«. Probleme entstehen dann, wenn das Kind in dem Erwachsenen »feststeckt« und fortfährt, sich diese unrealistische idealisierte Zukunft vorzustellen. Eine Frau, die einmal bei mir in Behandlung war, hatte jahrelang eine Beziehung mit einem Mann und war ständig frustriert. Sie wollte, daß er sich um sie kümmerte. Sie fühlte sich frustriert, weil die dunkle Seite des inneren Kindes außerhalb ihres Bewußtseins die Erwachsene der Gegenwart hypnotisierte und sie glauben ließ, daß das geschehen solle – daher fühlte sich die Erwachsene der Gegenwart frustriert und war wütend auf ihren Partner, weil er sich nicht um sie kümmerte.

Hier kommt es vor allem darauf an, festzustellen, mit welcher Art von Zukunftsvisionen der Erwachsene von der wirklichen Gegenwart zur Wirklichkeit des inneren Kindes wechselt, wie er die Vergangenheit in die Zukunft *trance*-feriert. Bei Zukunftsvisionen ist die Trance des inneren Kindes so stark, daß der Erwachsene glaubt, die Zukunft sei die Vergangenheit.

Warum treten solche »Trancezustände« auf? Kinder fühlen sich in einer Streßsituation häufig verwirrt, überwältigt, verrückt oder chaotisch. In diesem Chaos erschafft der Beobachter eine Phantasie, die das Gefühl des Chaos auflöst.

So kam beispielsweise eine Frau zu mir in die Therapie, die sich als kleines Mädchen um ihren körperlich kranken Vater kümmern mußte. Sie fühlte sich gefangen. Als Überlebensmechanismus stellte sie sich einen wunderbaren Mann vor, der sie von all dem wegholte – auf diese Weise löste sich ihr Gefühl, erdückt zu werden, auf.

Ein gebildeter Mann, der von mir behandelt wurde, wuchs als kleiner Junge in großer Armut auf. Um das zu bewältigen, erschuf er die Phantasie, daß er zu viel Geld käme. Sein Streß ließ nach.

In beiden Fällen half die Phantasie den Kindern bei der Bewältigung ihrer jeweiligen Situation. Probleme entstanden jedoch, als das innere Kind auf Automatik geschaltet und in der Zeit eingefroren wurde. Als die Frau zur Therapie kam, hatte sie bereits eine lange Latte von Männern ausgewählt, die sich um sie hätten kümmern sollen. Sie machte niemals Karriere, und ihre Partner wollten sich auch nie um sie kümmern. Sie kam jammernd in meine

Praxis, sehr bedürftig, hatte alle Männer vertrieben und war ohne Beziehung.

Das Kind im Mann im zweiten Beispiel war ständig von der Idee besessen, nicht genügend Geld zu haben. Anstatt zur arbeiten, um sich den Lebensunterhalt zu verdienen, stellte er sich lieber vor, wie er zu Geld käme. Das innere Kind im Mann entwickelte New-Age-Philosophien, die besagen, daß allein schon die Visualisierung von Geld das Geld anzieht (siehe auch Kapitel 14, Spiritualisieren). Als er mich aufsuchte, war er pleite, verheiratet, lebte in einem Wohnmobil, war arbeitslos und mußte seine Besitztümer verkaufen, um sich Lebensmittel leisten zu können.

Das ist die Macht der Trance der »Zukunftsvisionen«. Die dunkle Seite des inneren Kindes lindert emotionalen Streß, funktioniert jedoch ohne Feedback von der wirklichen Welt. Das Kind im Erwachsenen denkt, seine Phantasie sei Realität. Das heißt nicht, daß das innere Kind unrecht hat oder schlecht ist, sondern nur, daß das, was im Alter von zwei bis sechs Jahren funktionierte, im Alter von 36 Jahren eben nicht mehr funktioniert.

Am Anfang hängen die Zukunftsvisionen von den Ereignissen der frühen Lebensjahre ab. Probleme entstehen, wenn die Zukunftsvisionen autonom werden und ein Eigenleben führen. Dann handeln sie unabhängig, abgeschnitten von ihrer ursprünglichen Quelle, der Familie. Auf diese Weise entstehen eigenständige Phantasien, und man lebt in Zukunftsphantasien, anstatt »das Jetzt« zu erfahren.

Ein anderer Trancezustand, der mit Zukunftsvisionen in Verbindung steht, tritt auf, wenn ein Mensch Selbstgespräche führt, einen inneren Dialog (siehe auch Kapitel 7, Der innere Dialog). »Ich kriege nie, was ich will« ist ein Beispiel hierfür. Das *Jetzt* ist für das Kind nicht nur katastrophal, es stellt sich auch die Zukunft als katastrophal vor. Diese Ausrichtung ist eine Mischung aus Altersregression, in der die Vergangenheit »fixiert« wird, und einem schmerzlichen Erlebnis der Vergangenheit, das auf die Zukunft *trance*-feriert wird. Dieses »in der Zeit eingefrorene Muster« ist ebenfalls eine Altersregression, da die Trance der Angst von der dunklen Seite des inneren Kindes stammt, und *nicht* vom Erwachsenen in der Gegenwart. In der Gegenwart stehen dem Erwachsenen viele Ressourcen zur Verfügung. Nur das Kind im Innern hat das Gefühl, über keinerlei Ressourcen zu verfügen. Der Erwachsene erfährt die Trance des Kindes als real und ebenso die angstvollen Erfahrungen. Der Schmerz der Vergangenheit bleibt lebendig als Erfahrung der Gegenwart und als eine projizierte, imaginäre Zukunft. In diesem Zustand gibt es nur eingefrorene Vergangenheit, die der Gegenwart bzw. der Zukunft übergestülpt wird. Eine negative Assoziation wird aus der Erfahrung der Vergangenheit geschaffen und viele Male neu in Szene gesetzt, ohne das *Jetzt* zu sehen.

Der Erwachsene der Gegenwart hat das Pech, daß das innere Kind so überaus geschickt darin ist, ihn zu hypnotisieren. Deswegen merkt der Erwachsene gar nicht, daß er die Zukunft bzw. die Vergangenheit als Gegenwart sieht. Vor kurzem hatte ich einen Therapeuten als Patienten, der verwirrt war und wütend war auf ein Ehepaar, mit dem er arbeitete. Er beschwerte sich ärgerlich: »Warum lebt er nur mit dieser ausfallenden Frau zusammen?« Durch die Therapie erkannte er, daß sein inneres Kind seine Eltern der Vergangenheit auf dieses Ehepaar *trance*-feriert hatte. Sein inneres Kind hypnotisierte meinen Patienten, einen Familientherapeuten, so daß dieser den Mann wie seine Mutter und die Frau wie seinen Vater behandelte. Bei der Beobachtung des inneren Kindes erkannte er, daß sein altersregressives inneres Kind in vielen seiner Beziehungen seine Eltern aus der Vergangenheit auf Menschen der Gegenwart *trance*-feriert hatte. Das kommt häufiger vor, als Therapeuten glauben. Als ich andere Familientherapeuten bei der Arbeit beobachtete (mit Hilfe eines durchsichtigen Spiegels), konnte ich sehen, wie sie selbst eine Altersregression durchliefen und hilflos vor der Aufgabe standen, einem Ehepaar oder einer Familie zu helfen. Das ist die Macht der Altersregression. Sogar ausgebildete Familientherapeuten tragen ein inneres Kind mit einer dunklen Seite in sich. Wenn die Familie, die sich zur Therapie eingefunden hat, während besagter Therapie das innere Kind des Therapeuten aktiviert, fällt der Therapeut in eine Altersregression und steht hilflos der Aufgabe gegenüber, der Familie zu helfen. Genauso fühlte sich der Therapeut als Kind – hilflos, seiner Familie zu helfen. Darum ist die Familientrance so machtvoll, und aus diesem Grund arbeiten einige Familientherapeuten mit einem Co-Therapeuten in demselben Raum. Einer von ihnen wird dann hoffentlich in der Gegenwart bleiben und nicht in eine Altersregression fallen.

Zukunftsvisionen werden von Menschen erlebt, die sich täglich in einem Zustand freischwebender Angst befinden. Zukunftsvisionen tragen Elemente des inneren Dialogs und der Altersregression in sich. Das Ziel ist, daran zu arbeiten – sich selbst von der Trance des Kindes zu befreien, sich zu de-hypnotisieren und die Angst aufzulösen.

Die Trancezustände des inneren Kindes stammen aus dem Chaos. Wie könnte ein Kind, das aus dem Chaos geboren wurde, etwas anderes als Chaos erzeugen? Das innere Kind sieht durch ein Fenster aus Chaos, versucht, es durch eine Trance zu berichtigen und schafft so ein noch größeres Chaos der Gegenwart.

Ein Beispiel hierfür sind das kleine Mädchen und der kleine Junge, die in einer dysfunktionalen Familie aufwachsen. Diese Kinder lesen eine Geschichte wie die von Horatio Alger, einem verarmten Kind, das reich und erfolgreich wurde, und identifizieren sich damit. Ein weiteres Beispiel ist das Mädchen, das mit dem klassischen »Cinderella«-Komplex aufwuchs. Hier schafft die Beobachterin den Zustand: »Alles ist so schrecklich, aber eines Tages kommt der Mann meiner Träume und holt mich von all dem weg.« Diese Trancesysteme halfen dem Kind, mit der Situation fertig zu werden. Wenn die Realität für das Kind bedrohlich wird, stellt es sich eine angenehmere, erfolgreiche Zukunft vor.

In meinem nächsten Buch, *Das Tao des Chaos**, werde ich den Widerstand gegen das Chaos erforschen, der der Entwicklung aller Systeme im Weg steht.

Eine Frau suchte mich auf, weil sie sich vor der Tatsache fürchtete, daß nach Ablauf von zwei Wochen ihre Scheidung endgültig sein würde. Die dunkle Seite ihres inneren Kindes litt Angst und erschuf eine katastrophale Zukunft in bezug auf den Versorgungsausgleich nach der Scheidung. Ich bat sie, darauf zu achten,

---

* Originaltitel: *The Tao of Chaos. Essence and the Enneagram. Quantum Consciousness Volume II* wird in deutscher Sprache unter dem Titel *Das Tao des Chaos* 1996 im Alf Lüchow Verlag erscheinen. (Anm. des Herausgebers)

an welcher Stelle in ihrem Körper das Kind saß. Häufig friert das Kind an bestimmten Körperstellen ein und läßt den Kiefer, den Brustkorb, den Magen sowie die Hüften verkrampfen und verursacht in extremen Fällen auch ein Gefühl der Lähmung. Wie schon zuvor erwähnt und in meinem ersten Buch *Die alltägliche Trance. Heilungsansätze der Quantenpsychologie* auch deutlich hervorgehoben, erfordern Trancezustände ein Verspannen der Körpermuskeln und ein Anhalten des Atems.

Im letzten Beispiel bat ich die Patientin, *willentlich* das Kind in ihren Magen zu versetzen, indem sie ihre Angst und ihre inneren Stimmen dort plazierte. Ich bat sie, weiter Angst und die begleitenden Phantasien zu erschaffen. Ich fragte sie: »Nennen Sie mir den Unterschied zwischen Ihnen (der Beobachterin) und dem inneren Kind.« Sie antwortete: »Tja, ich kann das innere Kind beobachten.« Ich bat sie, das innere Kind und seine Katastrophenvisionen auch weiter zu erschaffen. Nachdem sie diese willentlich erschaffen hatte, übernahm sie die Verantwortung für das panischängstliche innere Kind und erkannte, daß sie die *Beobachterin/ Schöpferin* des Kindes war und diesen Prozeß folglich auch beenden konnte.

Die wichtigste Aufgabe des Beobachters ist es, das innere Kind willentlich zu erschaffen. Aus diesem Grund hat der bekannte Physiker John Wheeler das Wort Beobachter in der Physik in das Wort *Teilnehmer* umgeändert. Warum? – Weil der Beobachter nicht einfach nur beobachtet, der Beobachter nimmt an der Schaffung der inneren subjektiven Realität auch teil.

Die willentliche Erschaffung einer Erfahrung macht es möglich, zu wählen. Sie wecken den kreativen Aspekt des Beobachters, wenn sie den Beobachter bitten, das *willentlich und absichtlich* zu erschaffen, was er bislang *unwissentlich* erschuf. Der Beobachter hat geschlafen und war hypnotisiert. Wenn der *Beobachter* seine eigene Trance erschafft, weckt er dadurch seinen kreativen Aspekt.

3. Planen

Planen ist eine Form der Zukunftsvision, die auftritt, wenn das Kind seinen Eltern nicht sagen kann, wie es sich fühlt. Es stellt sich eine Zeit in der Zukunft vor, in der es seinen Eltern erzählen kann, wie es sich fühlt, und die Eltern werden es verstehen und zugeben, sich geirrt zu haben.

Ich habe in Santa Cruz einmal einen sehr berühmten Schriftsteller getroffen, der ein Buch schrieb, in dem er seinen berühmten Vater schlechtmachte. In einem Vortrag, dem ich beiwohnte, baute er einen Fall auf, in dem er gut und der Vater schlecht war. Außergewöhnlich daran war der Schluß der Erzählung. Der Vater gab zu, daß er im Unrecht und der Sohn im Recht war, und die Zuhörer brachen in Applaus aus. Warum? – Weil viele Menschen dieser Trance anhängen.

Eine andere Art der Planung findet statt, wenn das Kind seinen Eltern nicht erzählen kann, wie es sich fühlt und dann *plant*, seinen Eltern in der Zukunft eins auszuwischen bzw. mit ihnen abzurechnen. Dies ist eine Gewinnen-durch-Verlieren-Trance, und hierbei bitte ich meine Patienten und Patientinnen häufig, die folgenden Sätze zu vervollständigen:

1. Ich wische dir eins aus, indem ich …
2. Ich werde mit dir abrechnen, indem ich …
3. Ich gewinne, indem ich verliere, wenn ich …
4. Ich werd's dir schon zeigen. Ich werde nicht …
5. Ich werd's dir schon zeigen. Ich werde …

Diese Fragen machen das Explizite implizit und legen diese klassische masochistische Trance der dunklen Seite des inneren Kindes bloß.

4. Der »Erklärer«

Ich nenne diese Trance »Spiel's noch einmal, Sam«, weil ein Freund von mir Gespräche, Erklärungen oder Rechtfertigungen anderen Menschen gegenüber in der Zukunft plante. Wann immer ihm das auffiel, sagte er: »Und hier sind wir wieder, Tonbandanzeige 9874, spiel's noch einmal!«

In diesem Fall könnte das Kind etwas Falsches getan haben oder aufgrund von Erfahrungen aus der Vergangenheit wissen, daß es in der Zukunft bestraft werden wird. Daher plant die dunkle

Seite des inneren Kindes eine Rechtfertigung in der Zukunft. Das Kind übt sich im Argumentieren dafür und dagegen, wie ein Anwalt, der Berufung einlegt. Das kann von Katastrophenvisionen begleitet sein, daher treibt die Guillotine (die schwere Strafe durch die Eltern) den Rechtfertiger immer weiter. Die Trance ist eine vorgestellte Zukunft. Das innere Kind verfällt in eine Trance der Rechtfertigung, erklärt und rechtfertigt ständig seine Handlungen, Reaktionen, Emotionen und jedes grundlegende »Warum« seines Lebens. Der Rechtfertiger erfährt Gerechtigkeit oder auch nicht, aber die Trance der vorgestellten Katastrophe (und der Gegenschritte gegen das drohende Verhängnis mittels einer Rechtfertigung der Zukunft) geht weiter, auch wenn der Erwachsene immer älter wird.

5. Der Trugschluß der Fairneß

In der kognitiven Therapie gibt es eine Denkverzerrung namens »Trugschluß der Fairneß«.

> *»Diese verzerrte Denkweise dreht sich um die Anwendung legaler und vertraglicher Vereinbarungen für die Launen interpersonaler Beziehungen. Die Schwierigkeit ist die, daß zwei Menschen selten darin übereinstimmen, was Fairneß bedeutet, und es keinen Gerichtshof oder Schiedsrichter gibt, der ihnen dabei helfen könnte. Fairneß ist die subjektive Einschätzung, wieviel von dem, was der einzelne erwartet, braucht oder sich erhofft, von der verlockenden Egozentrik geboten wird; jeder Mensch ist in seiner eigenen Sichtweise gefangen.*
>
> *Der Trugschluß der Fairneß wird häufig in Annahmen, die Bedingungen angeben, ausgedrückt: ›Wenn er mich liebte, dann würde er ...‹ – ›Wenn er mich liebte, dann würde er mir zu einem Orgasmus verhelfen ...‹, ›Wenn das eine richtige Ehe wäre, würde sie mit mir Wandern gehen und lernen, es zu mögen ...‹, ›Wenn er sich auch nur im Geringsten sorgte, würde er gleich nach der Arbeit nach Hause kommen ...‹, ›Wenn sie meine Arbeit hier wirklich schätzten, würde ich einen besseren Schreibtisch bekommen.‹*

Es ist verlockend, Annahmen darüber zu treffen, wie die Dinge sich verändern würden, wenn die Menschen fair wären oder Sie wirklich schätzten. Aber andere Menschen sehen es selten ebenso, und am Ende bereiten sie sich selbst viel Schmerz.«[6]

Woher kommen diese Trancezustände und Denkweisen?

Trancezustände und Denkweisen können daher kommen, daß sich der Beobachter ein Bild der elterlichen Verhaltensweise macht und es als Modell für die Zukunft einsetzt. Der Beobachter erschafft ein inneres Kind, das ein Duplikat seiner Eltern ist. Der Beobachter schläft dann ein, und das so geschaffene innere Kind geht, spricht, handelt, klingt und fühlt sogar ebenso wie seine Eltern. Aus diesem Grund sprechen Sie, wenn Sie Kinder haben, mit ihnen genauso und verhalten sich ihnen gegenüber genauso, wie Ihre Mutter bzw. Ihr Vater mit Ihnen gesprochen und sich Ihnen gegenüber verhalten hat.

In dem »Trugschluß der Fairneß« übernimmt das Kind normalerweise ein bestimmtes Wertesystem von der Mutter, vom Vater oder von beiden. Dieses Wertesystem bringt dem Kind bei, was fair ist. Mutter und Vater haben zum Beispiel die unausgesprochene Vereinbarung getroffen, daß der Vater arbeitet und die Mutter zu Hause bei den Kindern bleibt. Diese Absprache wird für »fair« gehalten. Wenn die Mutter ihre Schwester einige Tage besuchen will, sagt der Vater: »Das ist nicht fair.« Lassen Sie uns annehmen, Ihre Mutter und Ihr Vater bezahlen für Ihre Schulausbildung, und Sie schmeißen die Schule. Ihre Mutter und Ihr Vater sagen: »Das ist nicht fair, schließlich haben wir für dich bezahlt.« – »Fair« ist ein relativer Begriff, bezogen auf ein bestimmtes Wertesystem. Daher lernt der Beobachter durch Vorbilder, was fair ist, und er lernt, wie er sich beispielsweise niedergeschlagen oder betrogen fühlen und verhalten soll, wenn dieser unausgesprochene Vertrag der Fairneß nicht eingehalten wird.

Mitte der 70er Jahre gab es einen Workshop in Los Angeles mit dem Titel »Wenn du mich wirklich lieben würdest, würdest du ...« Hier wurde erkannt, daß Probleme entstehen, wenn das wütende oder depressive Kind im Erwachsenen unausgesprochene Verträge der Fairneß annimmt, ohne sie zu prüfen. Der emotionale Zustand des Erwachsenen ist die Folge des inneren Kindes, das die Reaktionen seiner Familie auf den Betrug der Fairneß »nachahmt«.

Der nächste Schritt: Mit dem Sich-die-Zukunft-Vorstellen umgehen

1. Schritt: Achten Sie darauf, wann das innere Kind Zukunftsvisionen hat.
2. Schritt: Erkennen Sie die Art dessen, was sich das innere Kind in der Zukunft vorstellt:

1. Sich Katastrophen vorstellen
2. Phantasieren
3. Planen
4. Der Erklärer/der Rechtfertiger
5. Trugschluß der Fairneß

3. Schritt: Achten Sie darauf, an welcher Stelle Ihres Körpers das innere Kind lebt, indem Sie auf Bereiche der Anspannung und Verspannung achten.

Beim Sich-Katastrophen-Vorstellen:
Dialog mit dem inneren Kind.
Stellen Sie dem inneren Kind die folgenden Fragen, und schreiben Sie alle Antworten auf. *Stellen Sie sicher, daß die Antworten vom inneren Kind kommen – nicht von dem Erwachsenen, der sich vorstellt, was das innere Kind sagen könnte.*

1. An welchen Vorfall, der diese Katastrophenvisionen auslöste, erinnerst du (das innere Kind) dich? Schreibe deine Antworten auf.
2. Von welchem Vorfall weißt du (das innere Kind) nicht, der diese Katastrophenvision ausgelöst haben könnte?
3. Welcher katastrophale Vorfall der Vergangenheit könnte dich (das innere Kind) zu Zukunftsprojektionen geführt haben?

4. Von welchem Vorfall, der diese Projektion einer katastrophalen Vergangenheit in die Zukunft verursacht haben könnte, hast du (das innere Kind) keine Kenntnis?
5. Wehrst du (das innere Kind) dich gegen dieses Wissen und diese Erfahrung?
6. Wehren Sie sich willentlich gegen diese Erfahrung.
7. Machen Sie willentlich diese Erfahrung durch.
8. Erschaffen Sie willentlich sowohl die Erfahrung als auch den Widerstand.
9. Machen Sie sich klar, daß Sie der *Beobachter/Schöpfer* dieser Erfahrung sind.

Beim Phantasieren:
1. Fragen Sie das innere Kind: »Was ist in der Vergangenheit geschehen, gegen das du (das innere Kind) dich wehrst?«
2. Fragen Sie das innere Kind: »Von welchem Vorfall, der in der Vergangenheit geschehen sein könnte und diese Zukunftsphantasien verursacht hat, weiß ich nichts?«
3. Fragen Sie das innere Kind: »Wehrst du dich gegen dieses Wissen und gegen diese Erfahrung?«
4. Wehren Sie sich willentlich gegen diese Erfahrung.
5. Machen Sie willentlich diese Erfahrung durch.
6. Erschaffen Sie willentlich sowohl die Erfahrung als auch den Widerstand.
7. Machen Sie sich klar, daß Sie der *Beobachter/Schöpfer* dieser Erfahrung sind.

Beim Planen:
1. Fragen Sie das innere Kind: »Was ist in der Vergangenheit geschehen, das du in die Zukunft projizierst?«
2. Fragen Sie das innere Kind: »Was könnte in der Vergangenheit geschehen sein, das diese Projektion der Vergangenheit in die Zukunft verursacht haben könnte und das mir nicht mehr bewußt ist?«
3. »Wehrst du (das innere Kind) dich gegen dieses Wissen und gegen diese Erfahrung?«
4. Wehren Sie sich willentlich gegen diese Erfahrung.

5. Machen Sie willentlich diese Erfahrung durch.
6. Erschaffen Sie willentlich sowohl die Erfahrung als auch den Widerstand.
7. Machen Sie sich klar, daß Sie der *Beobachter/Schöpfer* dieser Erfahrung sind.

Beim Erklärer/Rechtfertiger:
1. Fragen Sie das innere Kind: »Welcher Vorfall der Vergangenheit bringt dich dazu, dich zu rechtfertigen?«
2. Fragen Sie das innere Kind: »Welcher Vorfall der Vergangenheit, den ich nicht kenne, könnte diese Projektion vergangener Rechtfertigungen in die Zukunft verursacht haben?«
3. Fragen Sie das innere Kind: »Wehrst du dich gegen dieses Wissen und gegen diese Erfahrung?«
4. Wehren Sie sich willentlich gegen diese Erfahrung.
5. Machen Sie willentlich diese Erfahrung durch.
6. Erschaffen Sie willentlich sowohl die Erfahrung als auch den Widerstand.
7. Machen Sie sich klar, daß Sie der *Beobachter/Schöpfer* dieser Erfahrung sind.

Beim Trugschluß der Fairneß:
1. Achten Sie darauf, wann das innere Kind in den Trugschluß der Fairneß verfällt.
2. Wessen Wertesystem (das der Mutter oder das des Vaters) hat Ihr inneres Kind übernommen?
3. Seien Sie der Beobachter des Wertesystems Ihrer Mutter bzw. Ihres Vaters, das bestimmte Gefühle hervorbringt.
4. Sehen Sie, daß diese Gefühle von Ihrer Mutter bzw. von Ihrem Vater stammen.
5. Erschaffen Sie diese Gefühle und Stimmen mehrmals nacheinander.
6. Machen Sie sich klar, daß Sie der *Beobachter/Schöpfer* dieser Erfahrung sind.

Schlußfolgerung

Bei allen Trancezuständen des inneren Kindes ist der Schlüssel zur Lösung des Problems das *Bewußtsein*. Denken Sie daran:

1. Sie (der *Beobachter*) befinden sich in der Trance des inneren Kindes.
2. Achten Sie darauf, an welcher Stelle in Ihrem Körper das innere Kind sitzt.
3. Achten Sie auf die Art der betreffenden Trance und Denkweise.
4. Beobachten und erschaffen Sie diese so lange, bis Sie (der *Beobachter*) die Verantwortung für die dunkle Seite des inneren Kindes übernehmen können.

Das Bewußtsein wird zum wichtigsten Lösungsmittel für den Leim des Sich-die-Zukunft-Vorstellens. Sobald Bewußtsein vorhanden ist, sind Sie, der *Beobachter/Schöpfer*, frei, nicht länger automatisch und unwissentlich das Problem immer wieder neu erschaffen zu müssen.

6

Trennung: Das Gefühl, von sich selbst und anderen getrennt zu sein

Trennung ist eine Trance, die der *Beobachter* erschafft, um es dem Kind zu ermöglichen, sich von unangenehmen Situationen abzutrennen. In der Psychologie im allgemeinen *Dissoziation* genannt, tritt die Trance der Trennung auf, wenn ein Kind nicht in der Lage ist, die familiäre Situation zu bewältigen und der Beobachter daher eine Trennung erschafft. Trennung kann als »Ausklinken« erfahren werden oder als das Gefühl, nicht anwesend zu sein. Probleme entstehen, wenn der Beobachter schläft, und das Kind sich im Erwachsenen abtrennt und *automatisch* in die Trance der Trennung fällt.

Trennung ist eine Trance, die auf verschiedene Art und Weise erfahren werden kann:

1. Die Trance des Nicht-in-Besitz-Nehmens

Ein *Beobachter* kann ein Kind in einer angespannten Familiensituation abtrennen. Der *Beobachter* trennt das Kind von Teilen seiner selbst. Wenn man einem Kind beispielsweise nicht gestattet, Zuneigung zu zeigen, kann der *Beobachter* das Kind von diesem bestimmten Gefühl abtrennen. Jahre später erfährt das innere Kind die Trance der »Trennung-von-Intimität«. Wenn man einem Kind nicht gestattet, wütend zu werden, bricht der wütende Teil Jahre später aus dem eingefrorenen Kind heraus, aber wenn man den Betreffenden fragt: »Bist du wütend?«, so erwidert er aus der Sicht des Erwachsenen: »Wer, ich? Wütend? – Natürlich nicht, ich werde nie wütend.« Die Erfahrung des Erwachsenen ist, daß er niemals wütend wird. Ein von ihm abgetrennter Teil wird wütend, und wenn er ihn loswerden könnte, wäre alles in Ordnung.

2. Verschwinden

Ein Kind kann aus einer dysfunktionalen Familie ausbrechen oder verschwinden und sich selbst als »nicht anwesend« empfinden. Um ein Kind vor alkoholkranken Eltern zu beschützen, kann der Beobachter das Kind entweder innerlich oder äußerlich fühlen lassen, es sei verschwunden, und so fühlt sich das Kind unsichtbar.

Die Trance des Verschwindens kann in persönlichen Beziehungen zu gewaltigen Problemen führen, insbesondere auf dem Gebiet der Intimität. Man verschwindet buchstäblich, geht ins Nichts oder man stellt sich vor, an einem anderen Ort zu sein, z. B. am Strand, in den Bergen – alles, solange man dabei nur die Gegenwart vermeidet. Was diese Trance so interessant macht, ist der Umstand, daß der Körper zwar lächelt, nickt und eine Unterhaltung führen kann, und doch ist niemand zu Hause. Häufig erinnern sich die Betreffenden nicht daran, was man ihnen gesagt hat oder welchen Dingen sie zugestimmt haben. (Siehe Kapitel 12, Amnesie)

Trennung wird in späteren Jahren häufig eingesetzt, um eine »spirituelle Übung« zu entwickeln. Meditation kann in Wirklichkeit *Medikation* sein, ein Einlullen und Taubwerden, die Ablehnung eigener Erfahrungen. Der Unterschied zwischen wirklicher Beobachtung und Trennung ist einfach: Wenn Sie *frei* sind, ein Gefühl der Wut zu erfahren und auch *frei* sind, es nicht zu erfahren, befinden Sie sich im Zustand der Beobachtung und meditieren wirklich. Wenn Sie Ihre Gefühle nicht erfahren können oder wollen und sich von ihnen unter dem Deckmäntelchen der Spiritualität abtrennen müssen, benützen Sie die Meditation als *Medikation* und die spirituelle Philosophie, um ihre Trennung stets neu zu verstärken.* Außerdem kann der Beobachter, um das Kind während eines Traumas zu schützen, einen dissoziativen Zustand erschaffen, der das Kind vor dem Schmerz des Traumas bewahrt. Meditation wird als *Medikation* genutzt. Der Betreffende fällt in

* Dies wird in meinem Buch *Quantenbewußtsein. Das experimentelle Handbuch der Quantenpsychologie* in dem Abschnitt »Ist es Dissoziation oder ist es Beobachtung?« (im Kapitel: »Wie man aus dem Brennpunkt der Dinge herauskommt«) näher ausgeführt. (Anm. d. Autors)

eine dissoziative Trance und denkt, es handle sich um Meditation, weil er sich so friedlich und ruhig fühlt. In Wirklichkeit verbirgt sich jedoch hinter dieser dissoziativen Trance ein Trauma. Bei der Strategie des Beobachters, nämlich eine dissoziative Trance zu erschaffen, um das Kind zu schützen, scheint es sich um Meditation zu handeln, es ist aber nur eine Mischung aus Amnesie und Taubheit, die man Dissoziation nennt.

Ich hatte einmal einen Freund, einen Psychiater, der nichts fühlen konnte und sich daher für spirituell hielt. Er entwickelte Anorexie (aß nichts mehr) und nannte es »Fasten«. Als das eskalierte, wendete er Einläufe an unter dem spirituellen Etikett der »Reinigung«.

Die Dissoziation vom Kind im Erwachsenen kann so stark werden, daß jedes Mittel recht ist, um nichts zu fühlen, sogar Meditation oder der Einsatz der Spiritualität als Medikation. (Siehe Kapitel 14, Spiritualisieren)

3. Die Ich-bin-nicht-mein-Körper-Trance

Ein bestimmter Körperteil kann aufgrund von elterlichen oder familiären Suggestionen als Nicht-Ich erfahren werden. Häufig werden in unserer Gesellschaft sowohl Männer als auch Frauen dazu gezwungen, sich von sexuellen Gefühlen abzutrennen. Männer geben ihrem Penis oft einen Namen, als ob er ein Eigenleben führen würde. Der Komödiant Robin Williams nannte seinen Penis »Mr. Happy«.

Diese Trance der Trennung hat weitreichende sexuelle Abtrennungen zur Folge, die zahlreiche Beziehungsprobleme schaffen. Oft manifestiert sich dieser Trancezustand als Frigidität in Frauen, als Impotenz oder vorzeitige Ejakulation in Männern. Wenn sich ein Mann von seinem Penis abtrennt, fühlt er entweder nicht genügend sexuelle Gefühle, um eine Erektion zu bekommen, oder er fixiert seine gesamte Aufmerksamkeit auf seinen Penis, verliert so die Kontrolle über den Rest seines Körpers und ejakuliert vorzeitig. Eine Frau, die keinen Orgasmus bekommen kann, ist möglicherweise von ihren eigenen Genitalien abgetrennt. Häufig tritt diese sexuelle Abtrennung bei sexuellem Mißbrauch in der Kindheit auf; das werden wir ausführlich in Kapitel 13 (Wahrnehmungsverzerrung) und in Kapitel 14 (Spiritualisieren) besprechen.

Bei subtileren Vorfällen erfährt ein Kind seinen Mund als getrennt von seinem Selbst. Das Kind mußte möglicherweise auf seine Eltern in einem solchen Maße reagieren (ihr Spiel spielen), daß es immer nur ein bloßes *Lippenbekenntnis* ablegte und seinen Mund bzw. seine Worte so erlebte, als gehörten sie nicht zu ihm bzw. als kämen sie nicht von ihm. Dieses automatische Nicken, das automatische Lächeln bzw. die »«Heucheleien« verstecken den *Beobachter* hinter der Trance. Der *Beobachter* schützt die wahren Gefühle des Kindes. Jahre später wird das innere Kind im Erwachsenen in Beziehungen automatisch *das Spiel spielen* und in eine Trennung-vom-Selbst-Trance fallen.

Einmal suchte mich ein Mann auf, der einen Doktor in Chemie hatte – von der Harvard Universität. Er klagte über Impotenz, und als ich mit ihm zu arbeiten begann, erlebte er, wie sich sein Kopf abtrennte und über seinem Körper schwebte. Als er seinen Kopf wieder mit seinem Körper verbinden wollte, kamen die unterdrückten sexuellen Gefühle für seine Mutter hoch. Seine Sexualität war derart eng mit seiner Mutter verbunden, daß er in der Spitze seines Penis nichts spürte, die Gefühle waren alle in seinem Kopf (Doktor in Chemie von Harvard!). Die Verbindung seines Kopfes mit seinem Körper zwang die sexuellen Gefühle für seine Mutter irgendwie ans Tageslicht.

Die Abtrennung hilft dem Kind bei seiner Entwicklung. Trennung bedeutet, nicht hier, sondern dort drüben zu sein. Trennung tritt auf, wenn die äußere Wirklichkeit bedrohlich ist. Das Kind bewältigt das und überlebt, indem es *abhebt*, sich ausklinkt oder abtrennt. Das Kind in einer Alkoholikerfamilie oder in einer Familie, in der es mißbraucht wird, klinkt sich aus, um die schmerzliche Gegenwart zu vermeiden. Häufig klinken sich die Betroffenen eines Inzestfalles aus, um Kontakt zu vermeiden. Später bleibt diese Trennung als Trance bestehen, und Intimität wird unmöglich.

Wie schon zuvor erwähnt, ist die andere Seite der Trennung klassischerweise die Verschmelzung.

4. Verschmelzung

»Verschmelzung« ist ein Begriff aus der Strukturellen Familientherapie von Salvador Minuchin und Braulio Montalvo sowie aus der Strategischen Familientherapie von Jay Maley und Cloé Madanes.

Verschmelzung ist ein Trancezustand, in dem der Beobachter eine kindliche Identität erschafft, bei der sich das Kind mit einem Familienmitglied über-identifiziert und mit diesem verschmilzt. Das kann manchmal auftreten, wenn man das Kind bittet, sich um ein Familienmitglied zu kümmern, was im allgemeinen *Fürsorge* genannt wird. Das Kind muß sich um ein dysfunktionales Elternteil kümmern, um zu überleben. Der Beobachter schafft zwei Teile des Kindes. Der eine kümmert sich um sein dysfunktionales Elternteil und der andere verschmilzt und wird zum dysfunktionalen Elternteil.

Ein Beispiel hierfür ist Kindesmißbrauch. In den meisten Fällen wurden die erwachsenen Männer und Frauen, die Kinder sexuell mißbrauchen, als Kind selbst mißbraucht. Der *Beobachter* produziert während des Mißbrauches das Bild eines zum Opfer gemachten Kindes und das Bild eines mißbrauchenden Täters. Von diesem Punkt an hat das Kind im Erwachsenen zwei Teile; das Opfer des Mißbrauchs und den Täter. Mit dem Täter zu verschmelzen ist der Schlüssel für die Arbeit mit Inzestüberlebenden. Als Erwachsener projiziert der Täter-Teil des Kindes das Kind, das mißbraucht wurde, auf andere Kinder und mißbraucht diese dann. Es ist die dunkle Seite bzw. der Täter-Teil des inneren Kindes (im Erwachsenen), das den Zwang zum Mißbrauch verspürt. Das mißbrauchende innere Kind wird auf Automatik gestellt und gerät so als Erwachsener außer Kontrolle. Das ist die Macht der dunklen Seite des inneren Kindes.

Vor kurzem überwies ein Arzt eine Patientin an mich, die er als »spirituell« beschrieb. Als sie mich aufsuchte, klagte sie über zwei Probleme: 1. konnte sie nichts fühlen, und 2. sagten ihr die Stimmen in ihrem Kopf, sie sei schlecht, böse. Deshalb sagte sie: »Ich hasse mich selbst.«

Zuerst erzählte sie mir diese überaus lange Geschichte, wie sie ihren Körper verlassen hatte und zur Decke geschwebt sei.

Dieser Teil von ihr war ihr Geist (siehe Kapitel 14, Spiritualisieren). Ich fragte sie: »Wurden Sie jemals körperlich oder sexuell mißbraucht?« Sie sagte: »Ja, mein Stiefvater schlug mich gnadenlos und beschimpfte mich dabei verbal.« »Wann haben Sie angefangen, Ihren Körper zu verlassen?« wollte ich von ihr wissen. Sie antwortete: »Während ich geschlagen wurde.« Ich deutete an, daß das automatische Verlassen ihres Körpers eine Verteidigung war gegen den Schmerz der Schläge und nichts »Spirituelles« an sich hatte. Sie brach in Tränen aus und meinte: »Das ist die einzige Hoffnung, die ich habe.« Ich erwiderte: »Das *war* die einzige Hoffnung, die Sie hatten, aber nun bereitet Ihnen das Probleme in der Gegenwart.«

Das ist ein Beispiel für Spiritualisieren und Trennung. Das kleine Mädchen trennt sich von seinem Körper, um den Schmerz nicht zu spüren. Aber ein Teil von ihr spürt den Schmerz und verschmilzt mit der Stimme ihres sie mißbrauchenden Stiefvaters, nimmt seine Worte an und friert sie in ihrem eigenen Kopf ein, wehrt sich dagegen, wiederholt sie immer wieder und wieder und nährt die Gefühle des Selbsthasses. Ich möchte anmerken, daß sie mich nur zweimal aufsuchte, und das Problem in meinem Büro nicht gelöst wurde. Ich sage das, um zu betonen, daß Mißbrauch ein ernstes Problem ist und durch eine kurze Therapie nicht gelöst werden kann. Schwerer Mißbrauch erfordert Geduld und großes Wissen von seiten des Therapeuten sowie Problembewußtsein und die Fähigkeit, das Geschehene zu konfrontieren, von seiten des Patienten.

Strukturelle- und Strategische Familientherapie

In diesen beiden weitverbreiteten Formen der Familientherapie wird häufig das Kind mit einem Problem zur Therapie gebracht, z.B. gehorcht es Mutter oder Vater nicht, ist unhöflich, nimmt Drogen oder ist schwanger. Angenommen, bei diesen Therapieformen würde das Kind mit der Mutter, die wütend auf den Vater ist, verschmelzen und zur wütenden Stimme der Mutter werden. Bei dieser Behandlung ist das Kind nicht länger Sprachrohr der

Mutter (die Verschmelzung wird aufgehoben), und die Mutter spricht für sich selbst mit dem Vater. In diesem Fall glaubt das Kind, daß es seiner Mutter hilft und sie schützt. In Wirklichkeit verschmilzt das Kind mit dem Elternteil, was die Aufmerksamkeit der Eltern von der Bewältigung ihrer eigenen Beziehungsprobleme ablenkt.

Die Tiefe dieser Trance, bei der man die Identität eines anderen annimmt, um zu überleben, zeigt sich in den Beziehungen. So sagen mir beispielsweise viele Patientinnen, sie würden sich wie ihre Mutter anhören, wenn sie ihre Kinder oder ihren Ehemann anbrüllen. Der Ehemann wiederum wird im Geschäftsleben geradeso wie sein Vater. Ich hatte vor kurzem einen Patienten, der behauptete: »Ich bin ein Workaholic.« Ich sagte: »Sind Sie arbeitssüchtig, oder war Ihr Vater ein Workaholic, und Sie sind mit ihm *verschmolzen*?« Er erwiderte: »Ich bin mit meinem Vater verschmolzen.« Das Kind in ihm wurde zu seinem Vater. Der Erwachsene will Zeit mit seiner Familie verbringen. Das Kind, das mit der Arbeitssucht des Vaters verschmolzen ist, hindert ihn daran. Dieser Fall war interessant, weil der Vater meines Patienten mit einer Frau verheiratet war, die mehrere emotionale Zusammenbrüche hatte und in eine Anstalt eingewiesen wurde. Der Vater meines Patienten wurde zum Workaholic, um seine Frau nicht länger sehen und nichts mehr mit ihr zu tun haben zu müssen. Es überrascht nicht, daß das Kind in meinem Patienten eine dysfunktionale Frau mit schweren emotionalen Problemen heiratete, die andere Seite des inneren Kindes wurde zum Workaholic – alles außerhalb des Bewußtseins des Beobachters. Mein Patient war völlig verschmolzen, und wie ein Kopiergerät hatte der *Beobachter* eine Kopie der Trance seines Vaters erschaffen.

Das ist eine weitere dunkle Seite des inneren Kindes – die Identität des Vaters wurde übernommen. Ich hatte Patienten, die depressiv waren. Ich fragte sie: »Sind Sie depressiv, oder haben Sie die Depression Ihrer Mutter / Ihres Vaters übernommen, um Ihrer Mutter/Ihrem Vater zu helfen?« Ein Beobachter schuf die Identität eines Kindes, das denkt, es könne Mutter oder Vater helfen, indem es ihren Schmerz übernimmt. Das geschieht, wenn das Kind glaubt, es könne aufgrund seiner imaginären Macht andere heilen oder ihnen bessere Gefühle verschaffen. Dieser infantile Größenwahn gibt dem Kind die imaginäre Macht, anderen zu helfen, wenn es sich als Kind in Wirklichkeit völlig hilflos fühlt. Jahre später entwickelt dieser Mensch eine *Heiler*-Trance und stellt sich vor, er sei verantwortlich dafür, anderen ihren Schmerz abzunehmen. Ich kannte beispielsweise einmal einen Mann, der behauptete, diese Art von Heiler zu sein. Menschen bezahlten ihn, um geheilt zu werden, und erstaunlicherweise gelangen ihm bisweilen positive Ergebnisse. Das Problem war, daß die Schmerzen seiner Patienten fast immer zurückkamen. Warum? – Wenn ein Mensch Schmerz spürt, muß er für seine subjektive Wirklichkeit *die Verantwortung übernehmen.* Als ich mit dem Heiler sprach, sagte er, als Kind habe er sich vorgestellt, daß es seinem Vater helfen würde, wenn er sich bei ihm aufhielt. Tatsächlich fühlte sich der Vater im Beisein seines Sohnes häufig *leichter.* Später im Leben stellte sich das innere Kind magische Kräfte vor als Mittel, sich gegen die Machtlosigkeit seiner Kindheit zu wehren. Daher hypnotisierte das altersregressive innere Kind den Erwachsenen dazu, zum Heiler zu werden.

Hier muß angemerkt werden, daß ich Heiler und Heilerinnen keineswegs herabsetzen will. Ich will vielmehr sagen, wenn Heilung stattfinden soll, muß derjenige, der geheilt wird, sich dessen *voll bewußt sein und die Verantwortung für seine innere Erfahrung übernehmen.* Wenn er die Verantwortung nicht übernimmt und nicht bereit ist, innere und äußere Veränderungen zu durchleben, ist der Heilungsprozeß nur vorübergehend und nicht dauerhaft. Wenn jemand der Meinung ist, ein anderer könne ihm seinen Schmerz nehmen, befindet er sich in der Identität des inneren Kindes und wird höchstwahrscheinlich von einem Heiler angezogen, der sich ebenfalls in der Identität eines altersregressiven inneren Kindes befindet und sich vorstellt, er könne einem anderen den Schmerz nehmen.

In meinem Leben wählte mein inneres Kind immer Frauen, die mit mir streiten würden. (»Ich will ein Mädchen, das so ist wie das Mädchen, das den guten alten Papi geheiratet hat.«) Nach Jahren der Therapie und sechs Jahren in einer Behandlungseinrichtung (in Indien nennt man es Ashram) war ich mir dieses Problems bewußt, und ich konnte den Ablauf aufhalten. Dennoch war mein inneres Kind am Arbeiten. Eines Nachts nahm mich mein bester Freund David mit zu einem Sufi-Tanz in Los Angeles. Ungefähr 75 Menschen waren dort, einige sahen nur zu, andere machten mit. Vor dem Tanz sah ich, wie eine Frau eintrat und schon lag etwas in der Luft: »In einer zauberhaften Nacht, siehst du eine Fremde ...« Sie bat David, uns einander vorzustellen, und wir unterhielten uns wie folgt:

David: »Das ist mein Freund Narayan (der Name, der mir in Indien gegeben wurde), er kommt aus ... Indien.«
Die Frau: »Ich habe gerade den Film *Gandhi* gesehen. Ein großartiger Film.«
Stephen: »Ich mochte den Film nicht.« (Sie sieht verwirrt aus, und um die Situation zu retten, sage ich:) »Aber für einen so langen Film, ging er wirklich schnell vorüber.«
Die Frau: »Tatsächlich? Mir kam es so vor, als würde er sich ziemlich in die Länge ziehen.«
Stephen: »Nun, ich denke, Sie und ich werden nicht in allen Punkten einer Meinung sein.«
Die Frau: »Ich stimme Ihnen nicht einmal in diesem Punkt zu.«

Ich muß wohl nicht erwähnen, daß ich das Muster meines inneren Kindes sah und es unterbrach. Diese Beziehung dauerte nur zehn Sekunden, anstatt zehn Monate oder zehn Jahre.

Das ist die *Anziehungskraft* des inneren Kindes. Als Erwachsene fühlen wir uns von bestimmten Personen angezogen. In Wirklichkeit handelt es sich bei dieser überwältigenden, zwanghaften Anziehungskraft um die Anziehung des inneren Kindes an das innere Kind eines anderen Menschen.

Häufig sind die Verbindungen von einem inneren Kind zum anderen so stark, daß das Kind im Erwachsenen eine spirituelle Weltanschauung annimmt, etwa: »Da hat das Schicksal die Fäden gesponnen« oder »Wir sind seelenverwandt«. Obwohl das zur Trance des Spiritualisierens gehört, überlappen sich die Trance der Trennung und andere Trancezustände und arbeiten wie ein Tandem.

Wie bei allen Trancezuständen wird auch die Verschmelzung durch eine Reihe familiärer Interaktionen geschaffen. Ein Beispiel: Jemand ist das »erwachsene Kind eines Alkoholikers« und mußte sich immer um die Eltern oder die Geschwister kümmern. Er hat nie gelernt, loszulassen, tagzuträumen, zu phantasieren oder auch nur zu spielen. Die Angst vor möglichen katastrophalen Folgen in seiner Umgebung ließen das Kind übermäßig verantwortlich sein (für das nicht-funktionierende Elternteil). Daraus stammt die Trance der Überwachsamkeit.

Ich habe einmal eine Frau behandelt, deren Vater Alkoholiker war. Sie mußte sich immer um ihn kümmern. Ihre Philosophie lautete: »Ich werde mich um ihn kümmern, damit er sich um mich kümmern kann.« Sie mußte sich über-identifizieren und jede Bewegung ihres Vaters beobachten, damit sie überleben konnte. Das Kind mußte eine Trance der Überwachsamkeit erschaffen und jede Bewegung des Vaters beobachten, denn er pflegte sich innerlich auszuklinken, Dinge zu vergessen, usw. Das Kind in der Erwachsenen blieb in der Zeit eingefroren und heiratete einen Mann, der in einer Trance der Trennung lebte und sich sehr ausgeklinkt verhielt. Das war ihrem inneren Kind vertraut, dessen dunkle Seite von Männern angezogen wurde, bei denen sie überwachsam sein mußte, wie bei ihrem Vater. Infolgedessen übernahm das Kind in der Erwachsenen das Steuerruder und ließ ihr nie auch nur einen Augenblick Ruhe. Achten Sie darauf, wie das innere Kind dieser Frau mit ihrem Vater verschmolzen war. Auf diese Weise hatte das innere Kind zwei Seiten: eine ausgeklinkte Seite und eine überwachsame Seite. Kein Wunder, daß sie sich von einem »abgetrennten« Mann angezogen fühlte. Es war ihr vertraut.

Das innere Kind zwang sie, ihre Aufmerksamkeit einzuschränken und mit ihrem Vater zu verschmelzen. Das führte zu einer Überidentifikation und als Folge zu einer tiefen Angst als Kind und in ihrem Leben mit ihrem Ehemann, insbesondere als der Trancezustand sich immer mehr auf Automatik schaltete. Mit anderen Worten: Während die *Beobachterin* schlief, funktionierte die Trance außerhalb der individuellen Bewußtseinskontrolle. Sie wurde zu einer »automatischen« Trance.

Paare

Vor kurzem suchte mich ein Paar zur Therapie auf, bei dem der Ehemann in einer Trance der Trennung lebte. Er war irgendwo da draußen, abgetrennt – und sie überidentifizierte sich. Dieses Problem taucht in der Eheberatung häufig auf. Die Klage der Frau: »Er ist bei der Arbeit, er tut dies, er tut das, und ich sitze hier mit den Kindern fest. Ich bin hier. Er ist dort.« Er trennte sich von der Gegenwart ab, und sie überidentifizierte sich mit der Gegenwart. Sie konnte sich nicht abtrennen und dort sein. Während der Therapie entdeckte ich, daß der Vater dieser Frau Alkoholiker war. Sie bewältigte dies in ihrer Kindheit, indem sie zur Betreuungsperson wurde. Sie mußte sich um die Lage kümmern, immer da sein bzw. sich identifizieren, auf ihren Vater, ihre Mutter, ihre Familie aufpassen. Es war ihre Aufgabe, also identifizierte sie sich damit und verschmolz. Sie mußte hier bleiben, wie festgeklebt. Wenn Sie das nicht tat, wer weiß, was dann geschehen würde? Sie stellte sich vor, ihr Vater würde den Wagen zu Schrott fahren. Sie müßte dann die Kinder füttern, verantwortlich sein usw.

Die Beobachterin bewältigte die Situation, indem sie die Identität eines inneren Kindes schuf, das sich der Trance der Überidentifikation bediente. Als ich die Therapie mit ihr begann, bekam sie schreckliche Angst bei der Vorstellung, loszulassen. Menschen, die sich abtrennen, haben auf der anderen Seite Angst, wenn man sie bittet, *hier* zu sein. Sie haben Angst, weil sie als Kinder ihr Leben in den Griff bekamen, indem sie sich fortstahlen. Es war zu schmerzlich für sie, mit der Wirklichkeit ihrer Familie umzugehen. Meine Patientin hatte Angst. Wenn sie *dort* hinging, auch nur für eine Minute, hörte sie eine Stimme in sich, die fragte: »Wohin gehst du? Wir brauchen dich, du mußt dich um Vater kümmern.« Wenn ihr Ehemann in der Trance der Trennung *hier* blieb, war die Erfahrung ebenso schrecklich. Die Wirklichkeit war zuviel für ihn.

Sich ergänzende Trancezustände des inneren Kindes

Häufig haben Eheleute innere Kinder mit Trancezuständen, die einander ergänzen. Im eben erwähnten Beispiel hatte sie die Trance der Überidentifikation und er die Trance der Trennung.

Wir werden die Muster der sich ergänzenden Trancezustände des inneren Kindes im Erwachsenen erforschen, der »vertraute« Partner wählt.

Gegensätzliche Trancezustände

Altersregression	Pseudo-Orientierung in der Zeit (Sich die Zukunft vorstellen)
Amnesie	Ungewöhnlich gutes Gedächtnis (Hypermnesie)
Analgesie	Empfindungsverzerrung (Taub werden)
Dissoziation (Trennung)	Überidentifikation (Verschmelzung)
Hypnotisches Träumen	Überidentifikation
Negative Halluzinationen (Abblocken)	Positive Halluzinationen (Illusionen erschaffen)[7]

Es ist klar, daß wir alle auf verschiedenste Art und Weise dissoziieren oder uns überidentifizieren. Besonders in Fällen von Alkoholismus ist es wichtig, daß das Symptom aufrechterhalten wird; Alkoholiker müssen sich abtrennen und »weggehen«. Man kann sagen, daß Alkohol- und Drogenmißbrauch eine Möglichkeit ist, sich durch Substanzen abzutrennen. Damit die Trance des Trinkens nicht auftritt, kann De-Hypnose eingesetzt werden. Ohne die Trance hat es die Verhaltensweise schwieriger, sich selbst außerhalb Ihrer Kontrolle zu wiederholen.

Die äußere Manifestation des Alkoholismus ist das Trinken. Dissoziation fungiert als Leim und hält das Problem zusammen. Ohne die Trance der Trennung wäre das Trinken im Übermaß weitaus schwieriger.

Es stellt sich auch die Frage »Wer trinkt?« – *Die verschmolzene Seite des inneren Kindes* oder das Kind, das mit der alkoholkranken Mutter bzw. dem alkoholkranken Vater verschmolzen ist. Ich hatte einmal einen Patienten, der Streß mit starkem Alkoholkonsum anging. Ich fragte ihn: »Wer hat in ihrer Familie getrunken?« Er sagte: »Mein Vater.« Ich ließ ihn ein Photo seines Vaters bei sich tragen. Wann immer er trank, mußte er das Photo herausnehmen, es vor sich auf den Tisch legen und seinem Vater »zuprosten« mit den Worten: »Danke, Vater, daß du mir beigebracht hast, wie man mit Streß umgeht.« Das übertrieb die Verschmelzung des inneren Kindes.

Ein Symptom kann nur dann ein Problem sein, wenn irgendeine Trance vorhanden ist. Wenn jemand im »Hier und Jetzt« ist, so ist das keine Trance. Tatsächlich kann man sagen, daß kein Problem ohne eine Trance existieren kann. Das ist die wahre Bedeutung des Wortes transzendieren*.

Ich kenne Menschen, die mich direkt ansehen, aber überhaupt nicht bei mir sind. Über ihren Augen liegt ein Film. Beobachten Sie die Augen der Menschen, und achten Sie darauf, wann sich ein Film darüberlegt. Erkennen Sie diesen Hinweis darauf, daß Ihr Partner sich abtrennt. Der Film über seinen Augen zeigt an, daß er einen alten »Kinofilm« sieht und jetzt nicht hier ist. In der Therapie schlage ich in einem solchen Fall vor, willentlich die Trance zu erschaffen, die der Patient bereits hat. ICH VERSCHREIBE DIE ERSCHAFFUNG DER TRANCE, DIE DER PATIENT BEREITS ERSCHAFFEN HAT. Wenn jemand einen Film über den Augen hat, beobachtet er in seinem Innern einen »Film«, der ihn davon abhält, das *Jetzt* zu erfahren. Trancezustände sind wie Leim, der Probleme zusammenhält. Signale dafür, daß Sie in eine Trance fallen, sind das Anhalten des Atems oder das Anspannen Ihrer Muskeln.

Ich hatte beispielsweise einen Patienten, der 300 Pfund wog. Ich erkannte ein Übergewichtsproblem (das zeigt Ihnen, wie brillant ich bin!). Damit er sein Symptom aufrechterhalten konnte, dissoziierte er (trennte sich ab). Ich schlug vor, er solle »dort drüben« hingehen, und sofort gefror sein Körper und wurde hart (Kapitel 13, Empfindungsverzerrung). Ich schlug vor, er solle seinen Körper noch härter werden lassen, um die Kontrolle über

---

* Wortspiel des Autors: transcending (engl.) = transzendieren, mit anderen Worten, eine Trance, die ein Problem beendet (engl. *trance*-ending). Wenn eine Trance endet und es kein Problem mehr gibt, befinden Sie sich nicht länger in einer Trance (no-trance). Das ist das Ende der Trance (*trance*-ending). (Anm. d. Ü.)

seine Trance zu erlangen. Plötzlich sah er mich an und sagte, ich sei wie eine »große Wolke« für ihn. Er konnte mich kaum sehen. Dieses Nicht-Sehen war eine Trance des Abblockens (siehe Kapitel 8).

Trennung tritt in Menschen mit migräneartigen Kopfschmerzen oder anderen Arten körperlichen Schmerzes auf. Sie haben ihren speziellen körperlichen Schmerz auf einzelne Teile ihres Körpers isoliert. Damit ein Problem ein Problem sein kann, muß der Kopfschmerz vom *ganzen* Körper abgetrennt werden.

Sich ergänzende Trancezustände

Vor kurzem hatte ich den Fall einer Frau, deren Vater sie in einen ausgetrockneten Brunnen einzusperren pflegte. Als Folge davon spürte sie noch Jahre später körperliche Schmerzen. Mir war klar, daß der mittlerweile 25 Jahre alte Schmerz zum Teil auf die Trance der Identifikation ihres inneren Kindes zurückzuführen war. Daher brachte ich ihr den ergänzenden Trancezustand hierzu bei: die Tieftrance der Trennung. Die Entwicklung einer ergänzenden Tieftrance erleichtert den Auflösungsprozeß. Sie fügt dem Leim, der die Problemstruktur zusammenhält, Wasser hinzu, verwässert so den Leim und kann häufig das Problem auflösen.

Der nächste Schritt: Mit Trennung und Überidentifikation umgehen

1. *Identifizieren* Sie die Art der Trennung, der sich Ihr inneres Kind bedient.
   a) Die Trance des Nicht-in-Besitz-Nehmens
   b) Die Trance des Verschwindens
   c) Die Ich-bin-nicht-mein-Körper-Trance
   d) Die Trance der Verschmelzung
2. Achten Sie darauf, ob die Trance einen körperlichen Raum und/oder einen geistigen einnimmt.

3. Wenn Ihr inneres Kind Sie sich ausklinken bzw. abtrennen läßt, erschaffen Sie diesen Zustand voll, atmen Sie weiter. Spannen Sie willkürlich Ihre Muskeln an, und erschaffen Sie die Abtrennung. Spannen Sie Ihre Muskeln mehrmals an, bis Sie die Kontrolle über den abgetrennten Teil erlangen.
4. *Übertreiben Sie.* Bei Überidentifikation und Abtrennung erschaffen Sie die Überidentifikation und das Anspannen der Muskeln. Wie oben wird dieser Vorgang den Beobachter aufwecken.
5. Achten Sie darauf, daß Sie der *Beobachter/Schöpfer* eines dieser problematischen Trancezustände des inneren Kindes sind.
6. Üben Sie das Erschaffen und das Beenden von Trancezuständen des inneren Kindes.

Zusammenfassung

Die Identifikation und die Erkenntnis, daß das innere Kind Sie in der Gegenwart hypnotisiert, indem es sich abtrennt oder überidentifiziert, ist das wichtigste Lösungsmittel, um die automatischen Prozesse des inneren Kindes aufzulösen. Wenn wir lernen, ohne Trancezustände zu leben und daß wir der *Beobachter* und der Schöpfer unserer subjektiven Erfahrung sind, lösen wir die Trancezustände des inneren Kindes auf. Das ist das Ende der Trance.

7

Der innere Dialog: Die Stimmen in Ihrem Kopf

Selbstgespräche oder innere Dialoge werden durch eine Reihe von Interaktionen zwischen dem Kind und seinen Eltern erschaffen. Wie bei der Verschmelzung nimmt der *Beobachter* die Stimmen beider Elternteile und plaziert sie in den Kopf des inneren Kindes. Auf diese Weise trägt das Kind seine Eltern immer mit sich. Die Zeit verstreicht, und das Gespräch setzt sich ständig als automatisches Schnattern im Geist fort. Hören Sie eine Minute auf die Stimmen, die Ihnen in Ihrem Kopf ununterbrochen etwas erzählen, und achten sie darauf, ob Sie erkennen können, um wessen Stimmen es sich handelt (Mutter, Vater, Lehrer, Bruder, Schwester, usw.). Die dunkle Seite des inneren Kindes begrenzt den Erwachsenen, indem sie mit ihm spricht und häufig Verhaltensweisen, die nicht zu vermeiden sind, voraussagt (»Das wird nie funktionieren.«) oder suggeriert, was man besser getan oder nicht getan hätte (»Du hättest nicht sagen sollen, wie du dich fühlst.«).

In der Kognitiven Therapie werden Konjunktive wie »sollte« als Denkverzerrung eingeordnet:

> *»Bei dieser Verzerrung funktioniert man nach einer Liste unbeugsamer Regeln darüber, wie man selbst und wie andere handeln sollten. Die Regeln stimmen und sind unstrittig. Jede Abweichung von ihren ganz bestimmten Werten ist schlecht. Als Ergebnis dessen befindet man sich häufig in der Position, zu verurteilen und etwas auszusetzen zu haben.«* [8]

In der Gestalttherapie werden Konjunktive wie »sollte« als elterliche Befehle betrachtet, und man bezeichnet sie als »der Überlegene« (topdog). Das Kind, das »will« ist der Unterlegene (underdog). In dieser Situation befindet sich das Kind in einem Dilemma.

Wenn es tut, was es will, fühlt es sich schuldig, wenn es tut, was es tun *sollte* (die elterliche Stimme), fühlt es sich frustriert, weil es nicht bekommt, was es will.

Hier muß man unbedingt darauf achten, daß das innere Kind mit den »Sollte«-Stimmen, die in Wirklichkeit seinen Eltern gehören, verschmolzen ist.

Mit dem »Sollte« umgehen

1. Schritt: Erkennen Sie, wann die »Sollte«-Stimme auftritt.
2. Schritt: Achten Sie darauf, aus welchem Bereich Ihres Körpers diese Stimme kommt.
3. Schritt: Hören Sie, um *wessen* Stimme es sich handelt – Mutter, Vater, Bruder, Schwester, usw.
4. Schritt: Erschaffen Sie die Stimme *willkürlich* mehrmals, und erfahren Sie die Stimme als Energie.
5. Schritt: Achten Sie darauf, daß *Sie* der *Beobachter* sind, der die Stimmen beobachtet.

Bei inneren Dialogen kann es sich um Stimmen im Innern handeln, bewußt oder unbewußt, die sich das innere Kind immer wieder selbst vorsagt und so Problemzustände schafft. In diesem Fall verschmelzen sie den Erwachsenen in der Trance des Kindes. Das sind die beiden Seiten des inneren Kindes: 1. das Kind und 2. die Eltern. Beide leben in dem Erwachsenen der Gegenwart.

Eine Verstärkung des inneren Dialogs tritt innerhalb der Familie auf. Bei diesem System löst der Ehepartner oder ein Familienangehöriger die Selbstgespräche des inneren Kindes aus oder verstärkt sie und trägt so zum Problem bei. Ein Beispiel: Die Frage des inneren Kindes »Was stimmt mit mir nicht?« kann verstärkt werden, wenn ein Familienangehöriger oder der Ehepartner sagt: »Was stimmt bloß mit dir nicht?«

Selbstgespräche sind nicht notwendigerweise immer verbal; sie können auch nonverbal oder stumm sein. Der einzelne kann durch Stille oder nonverbale Hinweise erkennen lassen oder andeuten. Ein Beispiel wäre hier der stumme Elternteil, der sich nie nach dem Wohlbefinden des Kindes erkundigt und so die Botschaft übermittelt »Keiner interessiert sich für dich«. Selbstgespräche sind immer Teil eines Problems und in vielen Trancezuständen vorhanden.

Woher kommen Selbstgespräche?

Ein unprogrammierter Mensch oder ein Kind – vor allen Überzeugungen und Vorstellungen, die ihm von den Eltern suggeriert werden – ist ein reiner *Beobachter* oder Zeuge des Lebens. Der Beobachter beobachtet einfach; Dinge geschehen und geschehen nicht auf der offenen, leeren Platte des *Beobachters*, der einfach zugegen ist. Die Schönheit dieses *Beobachters* liegt darin, daß er keine Urteile fällt, wie z.B. dies ist schlecht oder das ist gut. Ein Kind bewertet die Dinge nicht, sagt nicht, dies ist besser als das. Darüber hinaus mißt der *Beobachter* dem, was er beobachtet, keine besondere Bedeutung bei, wie z.B.: »Nur weil es geschieht, bedeutet es dies für mich oder sagt jenes über mich aus.«

Der Beobachter beginnt jedoch, kreative Entscheidungen zu treffen. Zuerst, dies ist *mein* Körper und das ist *ihr* Körper. Später fangen die Eltern an, zu belohnen oder zu bestrafen und übermitteln dem Kind ihr Urteil, ihre Bewertung und Einschätzung dessen, was das Leben ist, sein sollte oder sein könnte und was die Dinge bedeuten. Der Beobachter wird zum Schöpfer und nimmt, indem er den Aufnahmeknopf drückt, die Stimmen der Eltern auf und macht sich ein Bild von dem in der Zeit eingefrorenen Kind, das sich an diese Stimmen hält. So kann ein Elternteil beispielsweise zum Kind sagen: »Du darfst den Menschen niemals vertrauen.« Der *Beobachter/Schöpfer* macht eine Photokopie (ein Bild) und erschafft ein Kind im Innern, das diese Stimmen aufzeichnet. *Viele der Stimmen, die wir in unseren Köpfen darüber sprechen hören, wer oder was wir sind, sind die aufgezeichneten Duplikate der Stimmen unserer Eltern, die im eingefrorenen inneren Kind gespeichert sind.*

Der Beobachter hat ein leeres Band und der Aufnahmeknopf ist gedrückt. Wenn das Band voll ist, wird der automatische Rückwärtslauf aktiviert, dann wird der Abspielknopf gedrückt, und Sie hören die aufgezeichneten Stimmen in Ihrem Kopf. Das sind die Stimmen, die der Beobachter aufgezeichnet hat. Sie werden vom Kind im Erwachsenen immer wieder neu abgespielt. Diese Stimmen können Furcht, Angst oder Depression auslösen. Aber um wessen Stimmen handelt es sich? Der Beobachter nimmt die Stimmen auf, und sie werden durch den *Sprecher* des inneren Kindes abgespielt. Später werden die Stimmen der Eltern immer und immer wieder *automatisch* abgespielt, gesteuert vom inneren Kind im Erwachsenen. Wenn der Beobachter willkürlich Stimmen erschafft, wacht er bei den Stimmen, die er (der Beobachter) dupliziert hat auf und gewinnt dabei die Macht vom inneren Kind zurück. Sobald der *Beobachter* wach ist und die Verantwortung dafür übernimmt, das Band aufgenommen und es durch das innere Kind abgespielt zu haben, kann der Beobachter das Band abschalten oder aufhören, immer neue Bandschleifen zu drehen.

Der *innere Dialog* ist ein Trancezustand, der erschaffen und aufrechterhalten wurde. Selbstgespräche wurden während einer Reihe von Interaktionen (Eltern-zu-Kind) geformt und von den Eltern entworfen, um einen veränderten Bewußtseinszustand im Kind zu schaffen. Eine Mutter suggeriert beispielsweise ihrem Sohn bzw. ihrer Tochter bestimmte Dinge. Das Kind verinnerlicht die Stimme der Mutter, um sich daran zu erinnern, wie man ein Erwachsener/eine Erwachsene ist, wie man sich verhalten soll. Die Suggestionen wurden von den Eltern, Geschwistern, usw. angeboten und vom Kind als Wahrheiten aufgezeichnet. Probleme entstehen, wenn diese Stimmen immer noch sprechen, obwohl die Umstände der Gegenwart den Instruktionen, die die Mutter in der Vergangenheit gegeben hat, nicht mehr angemessen sind.

Noch ein Beispiel für *Selbstgespräche*: Einem Kind wird gesagt, es würde nicht wissen, wie man ein Fernsehgerät bedient. Das Kind bekommt von seinen Eltern Suggestionen wie: »Das verstehst du nicht.« Das Kind beschließt, diese Suggestion in sein aufgezeichnetes Glaubenssystem zu übernehmen. Das Kind *verallgemeinert* die Ansicht über Fernsehgeräte auf andere Glaubenssysteme, wie Autos, Videorecorder, Computer. Der *Beobachter* schafft ein inneres Kind, das mit der Suggestion der Eltern verschmilzt. Er nimmt die Suggestion als seine eigene an. Jahre später setzen sich die Selbstgespräche fort, und wenn der Erwachsene versucht, etwas zu reparieren, drückt das innere Kind auf den Abspielknopf und eine Stimme sagt: »Mit mechanischen Dingen komme ich einfach nicht zurecht.«

Das innere Kind wird jedesmal, wenn es mit mechanischen Dingen zu tun hat, die aufgezeichnete Botschaft abspielen. Das innere Kind erfährt »Ich verstehe nichts davon«, wenn es um Maschinen geht, zusammen mit seiner Frustration über das Ergebnis oder den veränderten Zustand, den es produziert. Maschinen lösen die Erfahrung aus, und das Kind im Erwachsenen fällt in die Das-verstehe-ich-nicht-Trance.

> **1. Prinzip:** Eine Erfahrung, die nach einem angenehmen Ergebnis auftrat, wird – *so wie sie ist* – Teil des Glaubenssystems des Menschen werden.

Ein Kind lernt beispielsweise lesen. Nachdem das Kind sich durchgekämpft hat und erfolgreich war, sagt sein Vater: »Siehst du, wenn du hart arbeitest, kannst du alles erreichen.« Das Kind hat die Belohnung und die Bestätigung erhalten und fängt an, wie besessen »hart zu arbeiten«, nur um Bestätigung zu bekommen. Hier können hypnotische Suggestionen wie »Arbeite hart!« einfrieren. Ein externer Auslöser wie Geld oder Bestätigung löst dann »Arbeite hart und du bekommst Bestätigung!« aus. Das wird auf Automatik geschaltet. Die daraus folgende Erfahrung ist ein Gefühl des Angetriebenseins und doch reicht die Erfahrung der Bestätigung niemals aus.

Eine andere Art von überlappenden Selbstgesprächen ist die »Verschmelzung«, die wird jedoch nur ganz kurz ausgeführt.

Ein Beobachter schafft die Identität eines Kindes, das eine Aufgabe mehrmals versucht und scheitert und seinen Vater sagen hört: »So machst du das also.« Es kann »sein Vater werden«, mit ihm verschmelzen und entscheiden: »Wenn ich wie mein Vater bin, wird alles funktionieren.« Natürlich wird es so sehr wie sein Vater, daß es sich selbst dabei verliert.

Wenn das Kind sich seinem Vater widersetzt (der rebellische Junge), findet Verschmelzung statt. Die Erfahrung wird zu: »Vater muß immer bekämpft werden.«

> Das führt zum **2. Prinzip**: Wenn man sich einer verschmolzenen Identität widersetzt, muß die sich widersetzende Identität (der rebellische Junge) so geformt werden, daß die Person vor der verschmolzenen Identität, dem Vater, geschützt wird. Es wird »Ich muß Vater bekämpfen« geschaffen. Das scheint für den Betroffenen die einzige Möglichkeit zu sein, zu überleben.

Nun gibt es zwei Identitäten des inneren Kindes, die einander bekämpfen. Eine heißt »Ich bin wie Vater«, die andere »Ich will ich sein« (der rebellische Junge). Das wird als innerer Konflikt erfahren. Diese beiden gegensätzlichen Identitäten des inneren Kindes halten den Konflikt an Ort und Stelle.

> **3. Prinzip:** Die Identität, die sich widersetzt, neigt dazu, wenn sie sich nicht in Konflikt mit der verschmolzenen »Vater«-Identität befindet, die verschmolzene »Vater«-Identität nach außen zu bekämpfen, ob real oder imaginär; sie widersetzt sich dem imaginären Vater (der verschmolzenen Identität).

Das ist ganz eindeutig eine Trance der *Trance*-ferenz. Die Transferenz (»Übertragung«) ist ein wichtiger Teil des psychoanalytischen Modells von Sigmund Freud und besagt in aller Kürze, daß der Patient einen Elternteil auf den Therapeuten projiziert und dann den Therapeuten wie seine Mutter bzw. seinen Vater behandelt.

In unserem Beispiel *trance*-feriert die rebellische Seite des inneren Kindes seine Mutter/seinen Vater auf eine Autoritätsfigur, ob sie vorhanden ist oder nicht, und fängt an, sich gegen die Autoritätsfigur zu wehren. Der Unterschied bei diesem Modell ist, daß nicht der Erwachsene Mutter oder Vater auf eine Autoritätsfigur transferiert oder projiziert: das innere Kind ist der Schuldige, es *trance*-feriert Bilder von Mutter und Vater auf andere Menschen und verhält sich wie ein kleines Kind, das umsorgt werden will.

Transferenz ist eine Trance des inneren Kindes, weil das Kind in eine Trance fällt und Mutter und Vater auf andere transferiert. Das macht die Gegenwart zur Vergangenheit, daher *Trance*-ferenz. Damit eine De-Hypnose des schlafenden Beobachters möglich ist, muß dieser zuerst aufwachen und die Verantwortung für diesen inneren Konflikt übernehmen.

Ein Beispiel: Die rebellische (den Vater bekämpfende) Identität namens »Ich will ich sein« stellt sich vor, erfährt oder erwartet einfach nur, daß eine Autoritätsfigur ihr Schwierigkeiten bereitet. Scheinbar versucht die Person, sie selbst zu sein, während das innere Kind in Wirklichkeit auf ein transferiertes Bild von Mutter oder Vater reagiert. Anders ausgedrückt: Der verschmolzene Vater wird projiziert oder *trance*-feriert. Die rebellische (Ich-will-ich-sein-) Identität bleibt im Innern oder umgekehrt. Das erklärt, warum so viele Menschen automatisch annehmen, daß Autoritätsfiguren sie herumstoßen werden und schon anfangen, gegen diese anzukämpfen, *bevor* überhaupt etwas geschehen ist.

Was hat das mit Selbstgesprächen zu tun? Das Kind wird zum Vater, indem es die Stimme des Vaters während einer Reihe von Interaktionen mit dem Vater dupliziert. Das Kind identifiziert sich und verschmilzt durch verbalen Dialog, non-verbale Körpersprache, sein Aussehen, seine Ausdrücke, Gefühle und sogar durch Bandaufnahmen von der Stimme seines Vaters. Wenn das Kind die Entscheidung trifft, sich gegen seinen Vater zu wehren, spiegelt es eine rebellische Identität wider. Die rebellische Identität ist nur als Reaktion auf den verinnerlichten Vater kreativ und führt auch nur in Reaktion Selbstgespräche. Das hält den inneren und den äußeren Dialog in Gang. Das innere Kind hat zwei Teile: den Rebellen und den Vater. Der Rebell *trance*-feriert seinen Vater auf andere; der Vater projiziert den Rebellen auf andere.

Der nächste Schritt: Mit den Trancen des inneren Dialogs umgehen

1. Schritt: Achten Sie genau auf Ihre Selbstgespräche, und schreiben Sie sie auf.

Beispiele:
»Vertraue niemandem.«
»Gehe keine engen Beziehungen ein.«
»Berühre mich nicht.«

2. Schritt: Stellen Sie fest, um wessen Stimmen es sich handelt:
a) Mutter
b) Vater
c) Onkel
d) Tante
e) Lehrer/Lehrerin
f) Bruder
g) Schwester
h) Großvater/Großmutter, usw.

3. Schritt: a) Erschaffen Sie diese Stimmen willkürlich.
b) Versetzen Sie diese Stimmen jetzt in Ihr linkes Ohr.
c) Versetzen Sie diese Stimmen anschließend in Ihr rechtes Ohr.

4. Schritt: Achten Sie auf alle Gefühle in Zusammenhang mit einer Stimme. Schreiben Sie sie auf.

5. Schritt: Üben Sie so lange, die Stimmen (Bänder) an- und abzuschalten, bis Sie die Kontrolle über die aufgezeichneten Stimmen erlangt haben.

6. Schritt: Beobachten Sie jede einzelne Stimme und achten Sie darauf, daß Sie – als Beobachter – mit oder ohne diese Stimmen existieren.

Das ist sehr wichtig. Häufig kann sich ein Kind nur als getrenntes Individuum gegen Mutter oder Vater wehren. Es wird eine rebellische oder Außenseiter-Identität geformt. Man kann diese Identität nur schwer aufgeben, weil der Betreffende sich vorstellt, ohne diesen Rebellen oder Außenseiter würde er aufhören, zu existieren, ausgelöscht werden oder verschwinden. Sobald der Beobachter errichtet ist, wird es einfacher, alte Identitäten loszulassen. Das liegt daran, daß es ein *Sie* hinter dem Rebellen oder Außenseiter gibt, mit dem Sie sich identifizieren können.

Schlußfolgerung

Man kann gar nicht genug betonen, weder bei der Arbeit mit sich selbst noch bei der Arbeit mit anderen, daß der innere Dialog identifiziert und bewältigt werden muß. Der innere Dialog ist der Eckpfeiler der Wirklichkeitsformung und der affektiven Zustände. Innerhalb der Verschmelzung oder der Reaktion auf Verschmelzung kann niemals Freiheit von früheren Familientrancezuständen erfahren werden, insbesondere der Trance der *Trance*-ferenz, außer der einzelne kann zwischen seinen inneren Botschaften oder Dialogen frei wählen. Obwohl der *Beobachter* die Bänder von Mutter oder Vater erstellt hat, werden sie nun vom alters-regressiven inneren Kind abgespielt. Der Beobachter schläft und übernimmt dafür keine Verantwortung. Wenn man die eigene Beobachtung entwickelt, wacht der Beobachter auf und die Trance des inneren Dialogs wird beendet.

8

Abblocken: Nicht sehen, was da ist

Das Abblocken ist ein Trancezustand, der daraus besteht, nicht zu sehen, was da ist (visuell) und/oder nicht zu hören, was gesagt wurde (auditiv). Wie bei allen Trancezuständen wird das Abblocken vom Beobachter entwickelt, um das Überleben des Kindes zu sichern, es zu schützen und seine Integrität als *individuelles Selbst* zu bewahren.

Das Phänomen des Abblockens wird zu einem Problem, wenn diese Trance des inneren Kindes immer unabhängiger wird und autonom operiert, während der Beobachter schläft. Das innere Kind sieht weiterhin nichts, nebelt ein oder radiert aus, was da ist. Das funktioniert im Kontext der Familie und setzt sich automatisch fort, auch in Situationen der Gegenwart, wo es nicht angebracht ist.

Stellen Sie sich beispielsweise ein kleines Mädchen vor, das alles in einem Nebel verschwinden ließ, wenn sein Vater es sexuell mißbrauchte oder wenn es von seiner Mutter geschlagen wurde. Jahre später hat sich zwar der Kontext verändert, aber wann immer ein sicherer Partner mehr Nähe fordert, taucht sie in einen Nebel ab. Oder sie wählt wiederholt Partner, die sie verprügeln. Hier muß man eines verstehen: Obwohl es dem Kind half, alles wie in einem Nebel verschwinden zu lassen, funktionierte es nicht 100prozentig. Ein Teil des Kindes sah den Mißbrauch. Das schafft ein inneres Kind mit zwei Seiten: Die eine Seite läßt alles in einem Nebel verschwinden, die andere Seite sieht den Mißbrauch. Das in der Zeit eingefrorene innere Kind erschafft automatisch die Trance, die in der Vergangenheit funktionierte, neu und sieht nichts. Die Erwachsene trägt das in die Gegenwart und fühlt sich gleichzeitig von einer vertrauten Szene angezogen: dem Verprügeln. Im obigen Fall möchte die Erwachsene Kontakt herstellen, doch das innere Kind blockt weiter ab. Idealerweise sollte das Abblocken wie ein Sonnenschutz funktionieren. Wenn ich an den Strand gehe und in der Lage bin, die Stärke der Sonnenbestrahlung frei zu wählen, indem ich den entsprechenden Sonnenschutz verwende, habe ich die *Wahl.* Aber wenn ich den Schutz, den ich will, nicht bekommen kann, bin ich der Sonne auf Gedeih und Verderb ausgeliefert bzw. der dunklen Seite eines verletzten inneren Kindes, das außer Kontrolle geraten ist.

Man sollte noch einmal erwähnen, daß Frauen, die sich für Männer entscheiden, von denen sie geprügelt werden, entweder mitansehen mußten, wie ihre Mutter geschlagen wurde, oder selbst verprügelt wurden. Daher ist die Trance des Abblockens keine Lösung. Das innere Kind fühlt sich von der vertrauten Szene angezogen, obwohl die Erwachsene es besser weiß, und der *Beobachter* schläft.

Auslegungsverzerrung

Ein Beispiel für kinästhetisches Abblocken (siehe auch Kapitel 13, Wahrnehmungsverzerrung) kann in einer Erfahrung der Auslegung auftauchen. In Fällen von Kindesmißbrauch kann das Kind beispielsweise den Mißbrauch anfänglich als schmerzhaft erfahren. Wenn die Erfahrung ständig neu wiederholt wird, kann das Kind den körperlichen oder emotionalen Mißbrauch als angenehm, zärtlich oder liebevoll auslegen. Die Auslegungsverzerrung stellt eine subtile Form des kinästhetischen Abblockens dar: Man fühlt nicht, was da ist. Diese Auslegung erklärt die Abhängigkeit einzelner Menschen von emotional oder körperlich mißbrauchenden Beziehungen. Es überrascht nicht, daß Kinder, die sexuell mißbraucht werden, als Erwachsene entweder andere mißbrauchen oder selbst wieder mißbraucht werden. Das innere Kind nimmt an, daß erzwungener sexueller Verkehr und Mißbrauch Liebe, Zuneigung oder schlimmer noch »das Leben« repräsentieren.

Ich hatte eine Patientin, die in ihrer Ehe jahrelang von ihrem Ehemann vergewaltigt wurde. Ihr Gynäkologe fragte sie, ob sie vergewaltigt worden sei, weil es so viele vaginale Risse gab. Obwohl sie diese Erfahrungen nicht genoß, legte sie sie aus als »*So ist eben das Leben*«.

In der Transaktionsanalyse werden negative Streicheleinheiten für besser gehalten als überhaupt keine. Das ist besonders deswegen ein schwieriger Prozeß, weil das Abblocken als angenehm oder gar wünschenswert interpretiert wird und es daher weder in Frage gestellt noch anerkannt wird.

Ich hatte einmal einen Patienten, dessen Vater Pfarrer im Süden des US-Bundesstaates Ohio war. Der Vater brachte den Jungen häufig in den Keller. Dort ließ er ihn die Hosen herunterziehen und schlug ihn. Der Junge fühlte unglaubliche Schmerzen, aber schließlich legte er die Empfindungen als angenehm aus. Jahre später trieb er sado-masochistischen Sex. Als er zur Therapie kam, fühlte er, daß sein Interesse an körperlichem Schmerz, durch den er sexuell erregt wurde, zu weit ging, d.h. er hatte sich selbst in lebensbedrohliche Situationen gebracht. Nach vielen Sitzungen tauchten Bilder in seiner Erinnerung auf: Während sein Vater ihn schlug, masturbierte sein Vater. Hier blockte das innere Kind den Schmerz der Schläge ab und legte sie als angenehm aus, weil es die einzige Möglichkeit schien, Liebe und Zuneigung des Vaters zu bekommen. Jahre später verallgemeinerte er das als einzige Möglichkeit, sexuelle Liebe und Zuneigung zu bekommen: wenn man geschlagen wurde oder körperlichen Schmerz erlitt.

Abblocken tritt auf, wenn die Entwicklung oder das Überleben des Kindes davon abhängt, von dem, was geschieht, *nichts* zu sehen, zu hören, zu spüren oder gar zu wissen (siehe Kapitel 12, Amnesie). Abblocken wird vom Kind im Familienkontext durch eine Reihe von Interaktionen geschaffen, während sich das Kind entwickelt. Das Abblocken kann von der Familie fortgesetzt werden und später vom Ehepartner. Ein alkoholkranker Mann, der seine Frau mißbraucht, kann beispielsweise suggerieren, daß sie seinen Alkoholkonsum oder seinen Mißbrauch abblockt. Das könnte eine Fortsetzung der Suggestionen ihrer Eltern sein, die sie als Kind retteten: »Sieh das Trinken nicht.«

Häufig formt der *Beobachter* das innere Kind in der Mutter nach und erschafft so eine Kopie des inneren Kindes in der Erwachsenen, die nicht sieht, daß der Vater trinkt. Das Kind nimmt an, so müsse man das Problem des Trinkens bewältigen, indem man tut, was Mutter vormacht: abblocken. Das Kind formt die Trance der Mutter nach. Kein Wunder, daß es als Erwachsene nicht sieht, wie ihr Mann trinkt, und es ihm unter Umständen sogar noch ermöglicht, häufiger zu trinken. Oft frage ich meine Patienten und Patientinnen in der Therapie: »Wer war das Vorbild für diese Trance?« oder »Wer hat diese Überlebenstechnik, d.h. das Abblocken, vorgemacht?«. Einfacher gesagt, das Phänomen des Abblockens kann auf Automatik geschaltet werden und taucht dann einfach auf, führt ein Eigenleben. Es ist eine Trance, die einmal wertvoll war und die vom Kind zum Überleben geschaffen oder nach dem Vorbild der Eltern vom Beobachter erschaffen und ins Leben der Erwachsenen hineingetragen wurde. Dies begrenzt andere Erfahrungsmöglichkeiten und erschafft unangenehme Verhaltensweisen. Die alte Gewohnheit des Abblokkens ist so mächtig, daß der einzelne seine Verwirrung und seinen Schmerz aus seinen interpersonalen Beziehungen der Gegenwart nicht verstehen kann.

Wie man seine Wirklichkeit konstruiert, das ist das eigentlich Wichtige, will man das Phänomen des Abblockens verstehen. Wenn ich einen Nebel, eine Wolke, ein Gefühl der Distanz erschaffe, wird der Problemzustand aufrechterhalten. Warum? Weil die Strategie des Abblockens nicht 100prozentig effizient ist. Ein Teil des Kindes sieht den Mißbrauch und wählt sich die Menschen aus, die diesen Mißbrauch neu erschaffen, damit die andere Seite des Kindes ihn abblocken kann! Stellen Sie sich selbst folgende Fragen: »Wenn ich nicht sehe, was da ist, wie leugne ich dann das Problem? Was ist mein Anteil bei der Auswahl von Mißbrauchsbeziehungen? Welche Trancezustände sind mit meinem speziellen Problem verbunden?«

Jeder Süchtige, mit dem ich jemals gearbeitet habe, hat die Trance des Abblockens eingesetzt. Damit das Symptom aufrechterhalten werden kann, müssen sie die Welt in einem Nebel verschwinden lassen, wie sie das als Kinder taten. Dieses Symptom kann als auditives Abblocken, als visuelles Abblocken, als kinästhetisches Abblocken (Wahrnehmungsverzerrung) oder als ein Abblocken durch Nicht-Wissen (Amnesie/Verleugnung) auftreten. Das wichtige Element ist die Erkenntnis, daß Sie das, was geschieht, NICHT sehen, wissen, fühlen oder hören. Bei Drogen- und Alkoholmißbrauch hilft die jeweilige Substanz, das Abblokken zu verstärken. Mit anderen Worten, die psychologische Fähigkeit abzublocken ist nicht stark genug. Daher müssen Drogen zu Hilfe genommen werden.

Wenn ein Patient beispielsweise sagt »Ich weiß, daß Sie mich verurteilen«, blockt sein inneres Kind ab und hat gleichzeitig eine Katastrophenvision. Er sieht *mich* nicht in der Gegenwart. Wenn ich sage »Sie sehen heute gut aus«, blockt der Patient ab und hört die guten Dinge nicht. Achten Sie darauf, ob Abblocken Ihnen hilft, bestimmte Erfahrungen zu vermeiden, entweder indem Sie Teile von sich abblocken oder indem Sie die Welt abblocken.

Ich habe einmal eine alkoholkranke Frau behandelt, die als Kind in ihrer Familie abblockte, um zu überleben. In ihrem späteren Leben fuhr sie mit dem abblocken fort und beeinträchtigte damit ihre Beziehungen. Das ist keine Überraschung. Das Abblocken war die Trance ihrer Wahl, die Droge ihrer Wahl. Ihr Alkoholproblem enthielt Elemente dieses Phänomens. Nur um die Welt nicht zu sehen, trank sie.

Wie schon zuvor erwähnt blockte die eine Seite des inneren Kindes den Alkoholkonsum des Vaters ab, während die andere Seite den Trinker sah. Die Frau wird natürlich eine Beziehung wählen, in der sie entweder abblockt, daß der Partner trinkt, oder sie trinkt selbst und ihr Partner läßt dieses Problem in einem Nebel verschwinden. Achten Sie darauf, wie die inneren Kinder beider Menschen einander ergänzende Trancezustände pflegen. Therapeuten sollten hier auf eines achten: Wenn Sie sich der trinkenden Seite des inneren Kindes nähern, wird der Nebel dichter. Warum? Weil der Nebel und das Trinken zusammenarbeiten. Nebel und Trinken müssen als eine Funktion des inneren Kindes betrachtet werden.

Ihren Körper abblocken

Es gibt eine Form des Abblockens, die an eine retroaktive Hemmung* erinnert. Dieses Phänomen kann man am besten an einem Fallbeispiel verstehen: Vor kurzem habe ich mit einer Inzestüberlebenden gearbeitet. Der Schmerz war so stark, daß sie versuchte, ihren Vater abzublocken. Das war nicht wirksam, daher wandte sie die Abblockung gegen sich selbst. Einfacher gesagt, sie versuchte, ihren Vater in einem Nebel verschwinden zu lassen. Als das nicht funktionierte, ließ sie sich selbst in einem Nebel verschwinden in dem Versuch, unsichtbar zu werden. Als sie mich zur Therapie aufsuchte, erzählte sie mir, wenn sie in den Spiegel schaue, könne sie ihren Körper nicht sehen. Er war in einem Nebel verschwunden! Ich habe das bei vielen Fällen von Kindesmißbrauch erlebt, wo die Kinder den Versuch unternehmen, unsichtbar zu werden und ihren Körper in einem Nebel verschwinden zu lassen. Das Kind kann den Täter nicht unsichtbar machen, also friert es sich selbst ein und macht seinen eigenen Körper unsichtbar.

Der therapeutische Ansatz

Ich verfolge die Strategie, daß ich die Patienten bitte, mich anzusehen. Das unterbricht die Trance ihres Kindes und löst eine Erfahrung der Gegenwart aus. Wenn sie mich ansehen, fühlen sie sich nicht länger einsam. Bei mir tritt keine Trance des Abblockens auf. Wenn sie sich mit mir verbinden, wirklich verbinden, wie können sie dann Einsamkeit erfahren? In der Gegenwart sind wir einfach da. Wenn sie mich abblocken und in eine Trance ihrer Kindheit verfallen, erfahren sie Einsamkeit, denn da ist nur ihr inneres Kind, das sich nicht in der Gegenwart, sondern in der Vergangenheit befindet. Noch einfacher gesagt: Sie fühlen sich einsam, wenn Sie aus der Trance der Identität des inneren Kindes heraus handeln, weil Sie in der Gegenwart nichts sehen, hören, fühlen, wissen oder sind.

---

* Die Erinnerung an früher Gelerntes übt auf neue Erfahrungen einen ungünstigen Einfluß aus. (Anm. d. Ü.)

Das innere Kind bricht den Kontakt zur Gegenwart ab und spürt die Einsamkeit der Kontaktlosigkeit in der Vergangenheit.

> **4. Prinzip:** Damit das innere Kind von einer Erfahrung seiner Selbst in der Gegenwart zu einer Erfahrung der Vergangenheit wechseln kann, muß das innere Kind den Kontakt zur Gegenwart abbrechen, daraus folgt Einsamkeit, Entfremdung, ein Gefühl des Mißverstandenwerdens usw.

Im obigen Beispiel der sexuell mißbrauchten Frau folgte ein Abblocken in ihren Beziehungen. Wenn sie mit einem Mann schlief, öffnete sie ihre Augen und blockte den Mann ab. Sie sieht diesen Mann dann nicht, der ihr sagt: »Ich möchte dein Freund sein und gelegentlich dein Liebhaber.« Er sagt ganz klar, was er will. Sie blockt diese Kommunikation visuell und auditiv ab und phantasiert: »Nein, das sagt er gar nicht wirklich, in Wirklichkeit meint er...«

Achten Sie darauf, wie ausgezeichnet Abblocken und Phantasieren wie auf einem Tandem funktionieren. In dem obigen Szenario »Ich weiß, er meint etwas anderes« erfährt sie keine Veränderlichkeit in ihrer Trance; vielmehr hält die Trance des inneren Kindes, geschaffen von der Beobachterin, die Erwachsene der Gegenwart gefangen.

Der nächste Schritt: Mit dem Abblocken umgehen

1. Ansatz:

1. *Identifizieren*

   Das Grundprinzip lautet, sich zu identifizieren und bewußt abzublocken. Das bedeutet, das Phänomen buchstäblich aufzufordern, sich voll zu entfalten. Mit anderen Worten – wenn Sie alles in einem Nebel verschwinden lassen, kämpfen sie nicht dagegen an, wehren Sie sich nicht gegen den Nebel. Atmen Sie vielmehr und lassen Sie zu, daß sich der Nebel bildet. Betrachten Sie den Nebel, seine Form, seine Größe, seine Farbe, usw.

2. *Expandieren*
   Weiten Sie die Erfahrung des Nebels, der Wolke, des Ausklinkens aus – verstärken Sie sie.
3. *Unterscheiden*
   Gestalten Sie den Nebel bzw. die Wolke anders, indem Sie ihn/sie bewegen, seine/ihre Farbe, seine/ihre Form, seine/ihre Größe, seinen/ihren Geruch oder das Gefühl verändern.
4. *Differenzieren*
   Variieren Sie die Struktur. Allgemein gilt: Wenn man die Komponenten einer Trance variiert, ist es möglich, ihr Kommen und Gehen zu bestimmen. Diese Übernahme durch den Beobachter/Schöpfer nimmt der Trance die Automatik und führt zu bewußten, willentlichen Reaktionen. Achten Sie bei der Differenzierung auf die Farbe, die Transparenz, das Durchscheinen und die Undurchsichtigkeit. Dadurch wechselt die Trance von einer einzigen soliden Masse zu einer vielfältigen Erfahrung mit unterschiedlichen Ebenen von Integrität.

2. Ansatz:

Beantworten Sie die nachfolgenden Fragen auf einem Blatt Papier. Stellen Sie die Fragen so lange – egal was auftaucht –, bis nichts mehr auftaucht.

1. An welcher Stelle Ihres Körpers befindet sich das innere Kind?
2. Fragen Sie das innere Kind: »Was will ich sehen?« – Schreiben Sie die Antworten Ihres inneren Kindes auf.
3. Fragen Sie das innere Kind: »Was willst du (das innere Kind) nicht sehen?« – Schreiben Sie die Reaktion des inneren Kindes auf.
4. Fragen Sie das innere Kind: »Was willst du hören?« – Schreiben Sie die Antworten des inneren Kindes auf.
5. Fragen Sie das innere Kind: »Was willst du nicht hören?« – Schreiben Sie die Reaktionen des inneren Kindes auf.

3. Ansatz:

1. Fragen Sie das innere Kind: »Was hast du (das innere Kind) beschlossen zu sehen?« – Schreiben Sie die Antworten des inneren Kindes auf.

2. Fragen Sie das innere Kind: »Was hast du (das innere Kind) beschlossen, nicht zu sehen?« – Schreiben Sie die Antworten des inneren Kindes auf.
3. Fragen Sie das innere Kind: »Was hast du (das innere Kind) beschlossen zu hören?« – Schreiben Sie die Antworten des inneren Kindes auf.
4. Fragen Sie das innere Kind: »Was hast du (das innere Kind) beschlossen, nicht zu hören?« – Schreiben Sie die Antworten des inneren Kindes auf.

Beobachten Sie:

1. *Beobachten* Sie, daß Sie der Zeuge des inneren Kindes und seiner Trancezustände sind.
2. Beobachten Sie das innere Kind auch weiterhin. Tun Sie das ganz bewußt.
3. Achten Sie darauf, wie durch das Beobachten das Lösungsmittel »Bewußtsein« der Identität des inneren Kindes hinzugefügt wird. Dieser Vorgang schafft Raum oder Distanz zwischen Ihnen, dem *Beobachter* des inneren Kindes, und seiner/ihrer Trance.

Schlußfolgerung

Abblocken ist eine subtile und häufig unbemerkte Trance. Sobald man sie erst einmal bemerkt hat, *wacht der Beobachter auf*, die interpersonale Kommunikation verändert sich, und der Mensch kann sehen, fühlen, hören, wissen und der sein, der er in der Gegenwart ist. Bewußtsein und Beobachtung sind die wesentlichen Werkzeuge zur Auflösung der Identität des inneren Kindes und seiner Trancezustände.

9

Illusionen erschaffen: Sehen, hören und fühlen, was nicht da ist

Ich versuchte, deinen Blick auf mich zu ziehen,
Ich dachte, du würdest dich verstecken wollen,
Ich schluckte meinen Schmerz hinunter,
Ich schluckte meinen Schmerz hinunter.

Jealous Boy, John Lennon

Hier beschreibt John Lennon, wie er Illusionen erschafft. Das innere Kind stellt sich vor, seine Frau würde sich vor ihm verstecken wollen und daß sie ihren Mann nicht mehr liebt. Der Mann fällt in eine Altersregression und spürt Schmerz. Mit anderen Worten, seine Illusion, Yoko würde sich vor ihm verstecken wollen, schuf einen schmerzlichen Trancezustand im Erwachsenen der Gegenwart.

»Illusion: Ein falsches mentales Bild bzw. eine Vorstellung, die auf der Fehlinterpretation einer wirklichen Erscheinung bzw. einer Imagination beruht.« [9]

Selektive Trancezustände

Das innere Kind sieht die Vergangenheit, stellt sie sich in der Gegenwart vor und schafft so »Illusionen«. Es sieht heute Dinge, die damals real waren. Auf diese Weise liest das innere Kind im Erwachsenen in die Dinge der Gegenwart Dinge aus der Vergangenheit hinein, spürt Dinge heute, die damals gefühlt wurden, aber jetzt nicht wirklich geschehen, oder hört Dinge, die damals gesagt wurden. Diese dunkle Seite des eingefrorenen inneren Kindes errichtet innere, subjektive Erfahrungen, die sich auf Informationen der Gegenwart gründen, aber von denen einige einfach freischwebende Illusionen der Vergangenheit sind, die die Realität der Gegenwart verwirren, sie stören und falsch interpretieren.

Bei selektiven Trancezuständen wählt das innere Kind das aus, was in der Vergangenheit war oder geschah und stülpt es über die Gegenwart oder die Zukunft. Wenn ein Kind, dessen Vater dysfunktional ist, beispielsweise von seiner Mutter (der Hypnotiseurin) zu hören bekommt, wie sehr sein Vater sich kümmert, weil er sich an einen Geburtstag erinnerte, anstatt anzuerkennen, daß der Vater jeden Tag in diesem Monat getrunken hat und zufällig gerade mal eine einzige nette Sache getan hat. Jahre später heiratet das Kind in der Erwachsenen einen Alkoholiker, wählt das einzige nette Ereignis und vergrößert es. Diese selektive Trance spiegelt die frühere Trance, die ihr von der Mutter suggeriert wurde, wider.

Bei der Illusion wird das, was da ist, nicht gesehen, oder – was häufiger auftritt – was da ist, wird vergrößert, als ob es das ganze Bild wäre. Die Illusion ähnelt dem Abblocken (seiner Ergänzung), da beide Trancezustände ein Schrumpfen des Aufmerksamkeitsfokus erfordern. Im obigen Fall betont die Mutter das Positive (den Geburtstag, an den sich der Vater erinnert hat) und gibt vor, daß dies das ganze oder fast das ganze Bild der Wirklichkeit ist.

Hier sehen wir den gemeinsamen Gebrauch der Illusion (selektives Sehen) und des Abblockens (Ignorieren dessen, was vorhanden ist). Viele Therapeuten sind der Ansicht, die Lösung liege in der Konzentration auf das Positive. Sie stellen dem Patienten Fragen wie: »Was funktioniert in Ihrem Leben?« Das Problem ist, daß oft das Ganze zugunsten eines kleinen Teiles ignoriert wird in der Hoffnung, die Illusion würde eine Heilung fördern. Der Therapeut schrumpft in diesem Denkmodell seine Aufmerksamkeit auf das, was funktioniert, und versucht, das Positive zu betonen. Der Therapeut bittet den Patienten, in denselben Trancezustand zu verfallen, den der Therapeut einsetzt, um sich produktiv zu fühlen. Häufig zieht diese Form der Therapie Psychiater mit der selektiven Trance des inneren Kindes an. Patient und Therapeut fallen in eine gemeinsame Trance.

In der Kognitiven Therapie nennt man das »Filtern«:

»Diese Verzerrung wird charakterisiert durch eine Art Tunnelblick – man sieht nur ein Element einer Situation und schließt alle anderen aus.

Jeder von uns hat seinen eigenen speziellen Tunnel, durch den er sieht. Einige von uns sind hypersensitiv für alles, was Verlust suggeriert, und blind für alles, was einen Gewinn anzeigt.« [10]

Glorifizieren und Schlechtmachen

Das obige Beispiel, in dem die Mutter nur die Tatsache auswählt, daß sich der Vater an den Geburtstag des Kindes erinnerte, und dafür den täglichen Alkoholkonsum ausschließt, ist ein Beispiel für das Glorifizieren (alles für wunderbar halten). Schlechtmachen (alles für schlecht halten) wird wie folgt definiert:

»Durch eben den Prozeß des Filterns vergrößern Sie Ihre Gedanken und machen sie schlecht. Wenn Sie negative Gedanken aus dem Kontext herausziehen ... machen Sie sie größer und schlechter, als sie sind.« [11]

Eine Frau, mit der ich gearbeitet habe, wurde beispielsweise von ihrem Onkel mißbraucht. Währenddessen konzentrierte sich ihr inneres Kind auf sein linkes Auge. Jahre später projizierte das in der Zeit eingefrorene innere Kind und hatte die Illusion, der Mann, mit dem sie zusammen war, sei ihr Onkel, indem sie sich auf sein linkes Auge konzentrierte. Schlechtmachen ist eine Verzerrung im Denken unter der Überschrift »Illusion oder Halluzination im Tranceland« bzw. »Filtern im Land der Kognitiven Therapie« (siehe Anhang I, Der Auslöser).

Wie bei allen Trancezuständen wurde vom Beobachter eine Illusion geschaffen, um das Kind vor den Belastungen der Familieninteraktionen zu schützen. Illusionen, die ursprünglich einen bestimmten äußeren Auslöser besaßen (wie den Onkel), werden zu Problemen, wenn die Trance auf *alle* Männer verallgemeinert wird. Dieser Vorgang wird stimuliert, wenn das innere Kind sich auf den Auslöser konzentriert: das linke Auge.

Ein weiteres Beispiel: eine andere Frau, die als Kind mißbraucht wurde. Die Erwachsene fällt in eine »Mißtrauens«-Trance, sogar in einer angenehmen Umgebung. Die Illusion kann auch innerhalb von Familien oder bei Paaren beobachtet werden, die gemeinsam eine Überlebensillusion erschaffen, und so die Familie zusammenhalten.

Eine dysfunktionale Familie kann beispielsweise ständig die Illusion erschaffen, sie seien alle feine, aufrechte Bürger und sich der Gemeinde gegenüber auf diese Weise darstellen. In vielen Fällen von Inzest oder Kindesmißbrauch erschafft die Familie eine Weltsicht der Vater-ist-der-Beste-Trance. In dieser Fernsehserie* war Jim der perfekte Vater, die kleine Kathy war ein gutes Mädchen und Bud war der ausgelassene Sohn. In Wirklichkeit war Jim jedoch Alkoholiker und hatte mehrere gescheiterte Selbstmordversuche hinter sich. Kathy war sexuell mißbraucht worden, und Bud war drogenabhängig. Unglücklicherweise müssen die Familienmitglieder das Unbequeme abblocken und sich für die Illusion eines positiven Bildes entscheiden. Dieses Konzept der Macht der Gedanken oder der Kraft positiven Denkens werden wir in Kapitel 14 (Spiritualisieren) näher ausführen.

Um eine Illusion zu formen, muß das Kind seine Aufmerksamkeit auf einen sehr kleinen Teil der gesamten Wirklichkeit schrumpfen. Dieser Teil wird dann vergrößert und enorm verzerrt. Das Heilmittel für das Sehen von etwas, was nicht da ist, ist das Sehen von dem, was da *ist*.

---

* »Father Knows Best«: klassische amerikanische Familienserie von 1954–1963, in denen die Familie Anderson den Zuschauern vollkommenes Familienglück vorgaukelte. (Anm. d. Ü.)

Illusionen erschaffen, sich die Zukunft vorstellen, phantasieren

Häufig gehen mehrere Trancezustände Hand in Hand und formen eine Illusion. Eine Patientin berichtete mir einmal, sie würde mit »Wesen« sprechen, Führern, die sie aufsuchten. Sie erzählten ihr zukünftige Ereignisse und sagten ihr, sie sei eine Auserwählte. Die Menschen würden sie bewundern und würden nur darauf warten, daß sie wie Christus werde. Ihr wurde weiter berichtet, sie bekäme Tausende von Anhängern. Diese Illusionen waren sehr stark. Das Problem an dieser Stelle war, daß sie große Angst hatte, denn sie war nicht bereit, wie Christus zu werden. Die Patientin scheute sich, jemandem von diesen Illusionen zu berichten aus Angst, man würde sie für verrückt halten. Als wir von diesen Wesen bzw. Führern sprachen, wurde sie sehr jung, und ich konnte vor mir das kleine Mädchen in der erwachsenen Frau sehen. Die Erwachsene war zum altersregressiven inneren Kind geworden. Die *Beobachterin* hatte diese Illusion als Kind geschaffen, weil ihr Familienleben unerträglich gewesen war. Auf diese Weise schützte sie sich selbst. Bei anderen Beispielen von Illusionen stellen sich Frauen die Aschenputtelgeschichte vor, in der ein Millionär sie heiratet und sie aus allem herausführt, sich um sie kümmert, ihnen alles gibt, was sie brauchen und ihnen unsterbliche Liebe und Aufmerksamkeit schenkt. Männer sehen sich gern als Präsidenten, als Baseballstars, als Footballhelden oder als Filmstars. Durch diese Fähigkeit, Illusionen zu erschaffen, klinken sich Kinder aus und lösen die Wirklichkeit des Familienlebens auf.

Erklärung zu Fall 1: Die Patientin, die die Illusion geschaffen hatte, wie Christus zu sein, tat das, um ihr Überleben als Kind zu sichern. Die Illusion des Kindes könnte ganz einfach geendet haben. Das Kind hätte eine neue Illusion erschaffen können, bei der es sich selbst als Lehrerin sieht. Aber diese Muster der Illusionen und Zukunftsvisionen eskalieren häufig und verfestigen die Illusion. Daher erlebt das innere Kind in der erwachsenen Frau Wesen bzw. Führer, die sie aufsuchen. Sie kann nachts nicht schlafen. Sie wartet darauf, daß die Prophezeiungen sich erfüllen. Die Illusionen, die in der Kindheit entwickelt wurden, sind äußerst stark geworden.

Erickson erzählt die Geschichte eines Mannes in einer Nervenheilanstalt, der dachte, er sei Jesus. Nun saß er da und wartet auf seine Jünger. Auch das zeigt die Verfestigung von Illusionen. Der Mann/Jesus war derart überzeugt, daß ihm kein Therapeut diese Trance ausreden konnte. Erickson berichtet weiter, wie er sich dieser Trance *bediente*, um eine Verhaltensänderung zu bewirken. Angeblich ging Erickson zu dem Mann und sagte: »Ich habe gehört, Sie sind Zimmermann.« Jetzt befand sich der Mann/Jesus in einem Dilemma. Wenn er nein sagte, dann war er nicht Jesus. Wenn er ja sagte, wußte er nicht, was auf ihn zukam. Er sagte ja. Darauf Erickson: »Kommen Sie mit mir. Im neuen Flügel des Krankenhauses muß Zimmermannsarbeit geleistet werden.« Ich kenne die Schlußfolgerung dieser Geschichte nicht, aber viele von Ericksons Geschichten scheinen mit Ericksons Illusion von Gesundheit zu enden, etwa: »*Er heiratete und hatte drei Kinder.*«

Bei der Entwicklung von Illusionen werden die Illusionen um so stärker, je größer der Streß im Leben ist. Illusionen können sensorisch, auditiv oder visuell auftreten: Man sieht etwas, was nicht da ist, oder hört etwas, was nicht gesagt wurde, oder fühlt etwas, was nicht da ist.

Fall 2: Bei meiner Rückkehr aus Indien suchte ich Praxisräume in Albuquerque. Eine Woche vor meiner Ankunft hatte ein Therapeut Räumlichkeiten von einem mir befreundeten Arzt gemietet, der ein Bürogebäude besaß. Als ich den Therapeuten, der die Räume gemietet hatte, traf, schaute er recht ungemütlich drein, als er erfuhr, daß ich Therapeut war und ein Büro suchte. Er sagte später zu meiner Sekretärin: »Seine Energie ist derart aggressiv, daß ich sie förmlich spüren kann.« Ein anderer Arzt in diesem Gebäude meinte: »Mann, Sie strahlen etwas Großartiges aus; ich habe gehört, Sie kommen gerade aus Indien zurück. Vielleicht können wir mal zusammen meditieren?« Wer fühlte nun etwas, was nicht da war? Ich weiß es nicht, aber sicherlich hatte jedes innere Kind eine andere Illusion »meiner Energie«. Der Therapeut fühlte sich bedroht, und daher war »meine Energie« aggressiv. Der Arzt suchte einen Freund für gemeinsame Meditationen, und daher fühlte sich »meine Energie« großartig an. Das innere Kind kann Illusionen erschaffen und sie auf eine Situation oder einen Menschen projizieren und dann das subjektiv Gefühl vermitteln, als ob es wahr wäre. Jedes der beiden inneren Kind war entschlossen, meine Energie durch seine eigenen Bedürfnisse zu erfahren. Das ist eine Form des Illusionen-Erschaffens, die fühlt, was nicht da ist, die sieht und Dinge definiert, die nicht gesehen und definiert werden müssen. Mein erster Lehrer war der bekannte Industriepsychologe Dr. Frederick Herzberg. Herzberg faßte es ganz einfach so zusammen: »Wir definieren Dinge auf die Art und Weise, wie sie für uns definiert sein müssen.«

Heilmittel für das Erschaffen von Illusionen: Überprüfen Sie das mit einem anderen Menschen. Eine Wirklichkeitsüberprüfung, bei der Sie sehen, woher der andere kommt, hilft Ihnen bei der Feststellung, ob Sie Illusionen erschaffen. Das erfordert allerdings die Bereitschaft, die Verantwortung für Ihre *trance*-ferierten Gefühle zu übernehmen. Es ist auch nötig, daß Sie sich selbst und nicht den anderen als Schöpfer Ihrer Erfahrung sehen.

Ein Ziel der Therapie ist die Erkenntnis, daß das innere Kind Illusionen hat. Sehen Sie es entwicklungsmäßig. In dem Fall der Frau, die Christus werden sollte, begann die Illusion des Kindes, als die Erwachsene ihre Illusionen beschrieb. Sie sah jung aus, drei oder vier Jahre alt. Sie befand sich bereits in ihrem altersregressiven Trancezustand des Kindes. Die einzige Möglichkeit, wie das kleine Mädchen dem Bombardement, das sie zu bewältigen hatte, entgehen konnte, lag darin, daß die *Beobachterin* eine Trance namens Illusionen-Erschaffen, Sich-die-Zukunft-Vorstellen und Phantasieren entwickelte. Das Kind sagte: »Eines Tages wird es besser sein.«

Ein ähnliches Beispiel: der kleine Junge, der professioneller Footballspieler werden wollte, aber im Alter von 13 Jahren aufgrund des Feedbacks der Welt aufgeben mußte, d.h. er hat es nicht ins Team geschafft. Dann will er Basketballspieler werden. Da er zu klein war, gab er es auf. Er akzeptierte in der Gegenwart das Feedback der Welt und integrierte es. Wenn sich ein Mensch in der

Gegenwart befindet, kann er es zulassen, das Feedback der Welt zu integrieren. Der Mensch läßt dann seine Illusionen los.

Ein Mangel an *Feedback* verfestigt die Illusionen. Wenn das Kind das Feedback (der Familie oder der Welt) abblockt, um zu überleben, werden die Illusionen fester und die Intensität des Bedürfnisses, die Familiensituation nicht zu sehen, nimmt zu. Kinder stellen sich oft in der Rolle eines Stars vor, aber wenn sie mit der Welt der Gegenwart verbunden bleiben, wissen sie, daß sie nicht Gitarre spielen (Feedback) und daher nicht Eric Clapton sein können. In schweren Fällen gibt es keine Feedbackschleife. Statt dessen fällt das Kind in eine Kind-zu-Kind-Trance, abgeschnitten vom Feedback der Gegenwart (daß es nicht Gitarre spielen kann) und Jahre später fühlt es Schmerz.

> **5. Prinzip:** Ein Beobachter, der sich auf die Welt bezieht, macht Trancezustände vergänglich und zu einem Teil des Erwachsenwerdens. Wenn das Kind sich aufgrund des Schreckens einer dysfunktionalen Familie nicht auf das Feedback der Welt einstellt, fällt es in eine Kind-zu-Kind-Trance. Jahre später hypnotisiert das innere Kind den Erwachsenen. Das schafft die Illusionen des Erwachsenen.

Viele Menschen stellen sich vor, Kino- oder Rock-'n'-Roll-Stars zu sein. Das ist eine recht verbreitete Illusion. Auf diese Weise wehrt sich das Kind gegen Erfahrungen in seiner Familie, die zum Zeitpunkt ihres Geschehens für eine Integration zu schmerzlich sind. Probleme entstehen, wenn sich die Illusionen verfestigen und interpersonales Feedback unterbrochen wird. Ich wollte beispielsweise im Basketballteam der *Boston Celtics* spielen. Im Alter von 13 Jahren erkannte ich, daß ich zu klein dafür war. Dann stellte ich mir vor, ich wäre Trainer. Bald schon sah ich, daß ich nicht die Fähigkeiten dazu hatte und machte mich auf die Suche nach *meinen* Fähigkeiten. Das ist ein Entwicklungsprozeß. Wenn ich von der Idee besessen geblieben wäre, mit Larry Bird zu spielen, und diese Idee nicht hätte aufgeben können, als ich nicht aufgestellt wurde, hätte das zu einer Depression geführt.

Im Beispiel der Frau, die Christus sein wollte, bat ich die Patientin, sich vorzustellen, daß die Führer, die sie aufsuchten und zu ihr sprachen, in Wirklichkeit von dem inneren Kind in ihr kämen. Ich fragte sie: »Wie würden Sie sich fühlen, wenn das wahr wäre?« Sie sagte: »Puh, erleichtert.« Sie erkannte zu ihrer Freude, daß die Illusionen aus ihrem Inneren kamen. Sie fühlte sich erleichtert, hatte keine Angst mehr. Hier ist die Erkenntnis wichtig, daß Trancezustände ein *Kontinuum* darstellen: von fest zu flüssig. Wir alle setzen Trancezustände ein. Ihre Trance war nicht schlecht, einfach nur fester als meine. In meinem Fall ließ ich den Wunsch los, ein Basketballheld zu sein und integrierte das interpersonale Feedback. Im Gegensatz dazu verfestigte sich ihre Entwicklungsillusion, weil sie das interpersonale Feedback ausschloß.

Anfang der 70er Jahre sah ich einen Film von dem Regisseur Roman Polanski mit dem Titel *Ekel*. In diesem Film werden Illusionen dargestellt. Ein Teil des Filmes wurde aus Sicht eines junges Mädchens gedreht, das offenbar eine »paranoide Schizophrene« ist. In einer Szene macht ihre ältere Schwester belegte Brötchen für beide. Die Küche mißt etwa drei mal drei Meter. Man sieht den Raum durch die Augen der paranoid-schizophrenen Frau und er wirkt zwanzig Meter hoch und zehn Meter breit, fast wie eine Schachtel. Plötzlich befindet sich eine Fliege in dem Raum. Man sieht sie durch die Augen der älteren Schwester. Als die jüngere Schwester hereinkommt, wimmelt der Raum in ihren Augen vor Insekten. Hier stellt sich natürlich die Frage: »Wer erschafft hier Illusionen?« Laut gesellschaftlicher Übereinkunft gibt sich die jüngere Schwester Illusionen hin. In Wirklichkeit erschaffen möglicherweise beide Illusionen.

3. Fall: Eine Frau, die sexuell mißbraucht worden war, pflegte die Illusion von Schlangen. Sie sah Schlangen aus ihrem Mund, ihren Ohren und ihrer Vagina kriechen. Ihr inneres Kind hatte in der Gegenwart die Illusion, wie in der Vergangenheit der Penis eindrang. Mit anderen Worten, sie verwandelte das Eindringen des Penis zu Schlangen, um den größeren Schmerz des Inzests zu vermeiden. Hier sehen wir das Kontinuum der Illusionen in der Art und Weise, wie das Kind die Energie des Kindesmißbrauchs auflöst. Oft stellt man sich vor, eine Beziehung mit einem bestimmten Menschen zu haben oder einer bestimmten Aktivität nachzugehen oder stellt sich vor, den Ärmelkanal zu durchschwimmen. Der Schlüssel liegt darin, dies als Illusion zu erkennen. Das innere Kind muß bisweilen einiges tun, um seine Integrität zu wahren. Ein Patient konnte mich nicht sehen (Abblocken) – bis zu dem Punkt, wo er nur noch meine Lippen sehen und meine Stimme hören konnte. Auf diese Weise konnte ich aber zumindest Kontakt zu ihm halten. Das Phänomen der Illusionen tritt stufenweise auf und ist ein Kontinuum.

Einander ergänzende Trancezustände

Illusionen und Abblocken können gleichzeitig auftreten. Man kann etwas hören, was nicht da ist und gleichzeitig abblocken, was da ist. Dieses Phänomen tritt vor allem in Beziehungen auf. Stellen Sie sich beispielsweise einen Mann und eine Frau vor, die zum erstenmal aufeinandertreffen. Der Mann sagt: »Sie sehen gut aus.« Die Frau hört: »Er will mit mir schlafen.« Die Frau sagt: »Ich würde gern mit Ihnen essen gehen.« Der Mann hört: »Sie will wirklich eine Beziehung mit mir eingehen.« Das ist der Prozeß der Illusionen und des Abblockens.

In dem Woody Allen Film *Annie Hall* unterhalten sich zwei Darsteller auf dem Balkon. Die Unterhaltung dreht sich um Philosophie. Dem Film wurden Untertitel hinzugefügt, die dem Zuschauer mitteilen, was hinter den Worten gesagt wird. Bei Illusionen sieht man selbst dann Untertitel, wenn es keine gibt. Das innere Kind liest sie in Gedanken und handelt so, *als ob* sie in der Gegenwart vorhanden und real wären.

Gedankenlesen

»Wenn Sie gedankenlesen, fällen Sie in Sekundenschnelle Urteile über andere … Es gibt keinerlei Beweise, es scheint einfach nur richtig zu sein. In den meisten Fällen stellen Gedankenleser Vermutungen darüber auf, wie sich andere Menschen fühlen und

> *was sie motiviert ... Als Gedankenleser stellen Sie auch Vermutungen darüber auf, wie die Menschen auf die Dinge um sie herum reagieren, insbesondere wie sie auf Sie reagieren ... Gedankenlesen beruht auf einem Prozeß der Projektion. Sie stellen sich vor, daß die Menschen dasselbe fühlen wie Sie und auf die Dinge ebenso reagieren wie Sie. Daher beobachten Sie nicht genau genug und hören nicht genau genug zu, um zu bemerken, daß sie in Wirklichkeit anders sind.«* [12]

Ein Vater, der sein Kind sexuell mißbraucht, könnte mit seinem Sohn beispielsweise über die Pfadfinder sprechen, aber das Kind weiß, daß sein Vater Sex will. Das Kind sieht die Untertitel des Erwachsenen. Das Kind im Erwachsenen sieht Jahre später Untertitel bei den meisten Männern und hat Angst. Das sind Illusionen: Man nimmt Untertitel der Vergangenheit und projiziert sie auf die Gegenwart.

Beim Gedankenlesen befindet sich das Kind innerhalb der Illusionen. Man muß die Kind-zu-Kind-Schleife aufbrechen, damit der Beobachter aus der Trance des inneren Kindes aufwachen und die Gegenwart sehen kann. Das fördert die Ursachen des Gedankenlesens zutage, und das macht Angst.

> **6. Prinzip:** Die Kind-zu-Kind-Trance muß aufrechterhalten werden. Die Kind-zu-Kind-Trance muß die Welt gemäß dem inneren Bild formen. Würde man die Welt anders sehen, würde die Trance zerbrechen. CHAOS wäre die Folge.

Vor kurzem hielt ich an der Ostküste einen Workshop zur Quantenpsychologie. Eine Therapeutin, die in NLP (Neurolinguistisches Programmieren) ausgebildet war, nahm daran teil und meinte, die Quantenpsychologie sei genauso wie NLP. Ich wies darauf hin, daß es in der Quantenpsychologie kein Reframing gibt, keine Verhandlung der Teile, keine Swish-Technik, kein Modelling, kein Phobienmodell, keine Widergewinnung der Ressourcen, kein Rapportaufbau, kein Ankern und keinen Gebrauch von Repräsentationssystemen. Sie sagte: »Genauso wie beim NLP.« Ich war verwirrt, bis ich merkte, daß sie sich in einer Kind-zu-Kind-Trance befand und versuchte, mich nach ihrem Bild zu formen anstatt das

Chaos zu erfahren, das durch diese neue Information möglicherweise hervorgerufen werden könnte. Irgendwie fühlt das Kind in ihr, wie ihre Welt bedroht wird, wenn die Mauern des inneren Kindes mit neuen Informationen durchdrungen werden. Warum? – Weil das Einlassen neuer Informationen oder des Feedbacks der Gegenwart die Trance des inneren Kindes zerbricht und den Beobachter aufweckt. Das läßt das Trauma, das die Trance überhaupt erst aufgebaut hat, an die Oberfläche dringen. Das könnte eine Erklärung dafür sein, warum manche Menschen auf neue Daten fast gewalttätig reagieren.

Bei Illusionen sieht man etwas, was gar nicht wirklich geschieht. Wenn man abblockt, sieht man nicht, was in Wirklichkeit geschieht. Eine Frau suchte mich zur Beratung auf und klagte darüber, daß sie in ihrem Innern immer die Stimme ihrer Mutter hörte (auditive Illusion des inneren Kindes). Ich schlug ihr vor, sich jeden Abend 20 Minuten lang vorzustellen, wie eine Platte mit der Stimme ihrer Mutter mit 45 Umdrehungen pro Minute abgespielt wird. Ich nannte sie »Mutters größte Hits«. Dann sollte sie die Geschwindigkeit auf 78 Umdrehungen pro Minute erhöhen, anschließend auf 33 Umdrehungen pro Minute senken. Weiterhin sollte sie den Klang in jedem Stereolautsprecher (ihren Ohren) verändern. Sie könnte die Balance verändern, die Höhen, die Bässe. Nach einer Woche war sie in der Lage, den *Beobachter* zu wecken und die Kontrolle über die Stimmen zu erlangen, die bis dahin automatisch aufgetaucht waren.

Der nächste Schritt: Mit dem Erschaffen von Illusionen umgehen

1. *Anerkennen*
   Erkennen Sie an, daß es sich um Illusionen des inneren Kindes handelt.

2. *Erkennen* Sie die Art der auftretenden Illusionen:
   a) Selektive Trancezustände
   b) Schlechtmachen

c) Glorifizieren
d) Gedankenlesen

3. *Benennen*
Jedesmal, wenn die Illusionen auftreten, benennen Sie sie innerlich. Wenn Sie beispielsweise sehen, daß Ihr inneres Kind alles schlechtmacht, nennen Sie diesen Vorgang innerlich beim Namen und zeigen Sie darauf. Sagen Sie zu sich selbst: Hierbei handelt es sich um *Schlechtmachen*.

4. *Variieren*
Erschaffen Sie die Illusion auf vielfältige Weise – mehr, besser oder anders. Wenn Sie die Illusion ständig auf andere Weise erschaffen, erlangen Sie die Kontrolle und beenden die Illusion.

5. *Bewegen*
Eine andere Möglichkeit, Illusionen abzubauen, besteht darin, die Bilder zu bewegen, sie kleiner und größer zu machen und sie dann an verschiedenen Orten im Raum zu sehen. Das versetzt den Menschen in die Lage, die Kontrolle über das erschaffene Bild zu übernehmen.

6. *Stimmenkontrolle*
Bei auditiven Illusionen, wie etwa wenn man die Stimmen seiner Eltern hört, ist die folgende Technik hilfreich: Stellen Sie sich ein Stereogerät mit drei Geschwindigkeiten vor – 78, 33 und 45 Umdrehungen pro Minute. Stellen Sie sich die Stimmen auf Schallplatte vor. Spielen Sie die Stimmen schnell, dann mittelschnell, dann langsam ab. Stellen Sie den Ton lauter, leiser, und verändern Sie dann die Lautsprecher. Das ist eine Möglichkeit, die Kontrolle über auditive Illusionen zu erlangen.

7. *Trance*-ferenz
Wenn Ihnen auffällt, daß Sie ganz allgemein auf Männer oder Frauen projizieren, stellen Sie sich diese Menschen als Mutter oder Vater vor. Erschaffen Sie eine Woche lang absichtlich eine Mutter- und eine Vatermaske, und setzen Sie sie *allen* Männern

und *allen* Frauen auf. Das wird den Beobachter des inneren Kindes wecken, und der Beobachter kann die Kontrolle über diesen Vorgang übernehmen.

Schlußfolgerung

Das Erschaffen von Illusionen ist eine Trance, die man für das, was sie ist, würdigen kann – die Verteidigung des inneren Kindes. Mit diesem Verständnis kann der Erwachsene die Verteidigungsstrategien seines inneren Kindes als »kreative Möglichkeiten« sehen, und der Beobachter kann die Kontrolle über die automatischen Illusionen erlangen. So kann man die Verteidigung des inneren Kindes respektieren und als frühe Lösungen für *frühe* Probleme anerkennen, die die subjektive Erfahrung der Gegenwart beherrscht haben. Außerdem kann man gar nicht genug betonen, daß das Aufwecken ein schmerzlicher Vorgang sein kann. Warum? Weil der *Beobachter* die Trancezustände geschaffen hat, um den Schmerz eines Traumas zu *lindern.* Wenn man den Beobachter aufweckt, kann der Schmerz des Traumas nicht länger geleugnet oder gelindert werden. Daher müssen beim Aufwecken des *Beobachters* die Trancezustände zusammen mit dem geleugneten Trauma anerkannt werden. Nur auf diese Weise kann der wache Beobachter fest etabliert werden oder – besser gesagt – zu einem etablierten Nicht-Zustand der beendeten Trance werden.

10

Verwirrung: Sich in etwas verlieren

Verwirrung* ist die Trance, die der *Beobachter* erschafft und die auftritt, wenn die Interaktionen innerhalb der Familie vom Kind nicht verstanden oder integriert werden können. Das geschieht, wenn der Beobachter und das Kind mit Ereignissen, Situationen oder Emotionen konfrontiert werden, die nicht voll erfahren werden können. Das Kind wehrt sich entweder dagegen, diesen Vorfall zu erfahren, oder es hat kein Bezugsmodell, um das Auftreten des Vorfalls zu erklären. Bei diesem Vorgang taucht die Erfahrung der Verwirrung auf. So kann beispielsweise ein Kind, dessen Eltern bösartig zueinander sind, Verwirrung erfahren. Diese Situation macht für das Kind keinen Sinn, und daher erschafft der Beobachter die Trance der Verwirrung. Das wird zum Problem, wenn Jahre später das Kind im Erwachsenen automatisch verwirrt ist, sobald es einen Streit gibt.

Verwirrung und Chaos

Vor kurzem hat das Auftauchen der Chaos-Theorie in der Physik die Welt der Wissenschaft auf den Kopf gestellt. Mein nächstes Buch zeigt die Berührungspunkte zwischen den Prinzipien des Chaos in der Psychologie und der östlichen Philosophie auf und trägt den Titel *Das Tao des Chaos.* Trancezustände sind eine Möglichkeit, das Chaos zu organisieren. Ein Kind, das mißbraucht

---

* Im Englischen: confusion. Stephen Wolinsky spricht hier in einem Wortspiel von con-fusion. Er sagt: »Im Spanischen bedeutet das Wort ›con‹ soviel wie ›mit‹, daher könnte man sagen: *mit* der Verschmelzung (fusion) kommt die Verwirrung (con-fusion).« (Anm. d. Ü.)

worden ist, durchläuft beispielsweise eine Phase des Chaos. Um dieses Chaos zu organisieren und zu bewältigen, entwickelt der Beobachter Strategien, Identitäten und Trancezustände, die das Chaos erklären und es in den Griff bekommen sollen.

Webster's Definitionen des Chaos lauten:

»1. Völlige Verwirrung bzw. totales Durcheinander; gänzlich ohne Organisation oder Ordnung. 2. Die Unendlichkeit des Raumes oder formlose Materie, die der Existenz eines geordneten Universums vorhergegangen sein soll.« [13]

Im Sinne dieses Buches beinhaltet das Chaos Zustände der Verwirrung, der Entmachtung, des Kontrollverlustes, das Gefühl, ver-rückt zu sein, sowie Leere oder Vakuum.

Mit dem Widerstand gegen das Gefühl des Chaos kommt die Organisation von Trancezuständen in der Hoffnung, einen Sinn zu machen aus dem, was keinen Sinn macht bzw. *sich nicht rechnet.* Interessanterweise sagen Buddhisten seit Jahrhunderten, daß die Menschen den größten Widerstand gegen die Leere (das Chaos) haben.

Sobald sich das Kind gegen eine Erfahrung wehrt, zum Beispiel gegen einen Mißbrauch, schützt es sich selbst vor der Erfahrung des Schmerzes, der mit dem Wissen dessen, was geschehen ist, einhergeht, indem es sich mit Verwirrung und häufig auch mit diversen anderen Trancezuständen umgibt. Oft entwickeln Menschen eine spirituelle Weltanschauung, um ihre spezielle Organisation des Chaos zu rechtfertigen. (Siehe Kapitel 14, Spiritualisieren)

7. Prinzip: Wenn es darum geht, sich einer unbekannten Situation zu stellen, findet eine Veränderung im Bewußtsein statt: vom einfachen Beobachten der Situation über Verwirrung oder Chaos bis hin zu Erschaffung von Identitäten.

Wenn beispielsweise die Mutter ihr Kleinkind bittet, etwas zu tun, ist das Kind erst verwirrt und verhält sich dann durch Versuch und Irrtum so, wie die Mutter es möchte. Sobald die Situation von der Mutter verstärkt wurde, verursachen ähnliche Gelegenheiten im Kind Verwirrung, und das innere Kind erschafft dieselbe Reaktion (Trance oder Identität), die zuvor bei der Mutter funktioniert hat.

Einfacher gesagt, einem Kind, das mit den Händen ißt, wirft die Mutter einen *Das-ist-nicht-in-Ordnung*-Blick zu. Wenn der *Beobachter* die Botschaft der Mutter nicht integrieren kann, wird Verwirrung erschaffen. Bei dieser Veränderung im Bewußtsein von der Beobachtung der Mutter und ihrer Botschaft hin zur Erschaffung einer Reaktion, die die Zustimmung der Mutter erhält, tauchen Bewältigungshilfen auf, die man Identitäten nennen könnte. In dieser Situation entsteht eine bestimmte Identität: »Ich will es auf meine Weise tun.« Bei weiterer Verstärkung der Botschaft der Mutter produziert der *Beobachter* erneut Verwirrung und schafft eine andere Identität mit Namen »Ja, Mutter, alles, was du willst.« Es wird noch interessanter. Der Beobachter schaltet die gesamte Situation auf Automatik und schläft ein. Somit ist das Fenster, durch das das innere Kind die Wirklichkeit wahrnimmt, etabliert. Das innere Kind muß nunmehr in der Gegenwart nicht länger über neue Reaktionen nachdenken und kann einfach immer wieder diese alte Identität erschaffen, die bei der Mutter funktioniert hat. Diese beiden Identitäten stehen nun zueinander im Widerspruch. Die eine Identität sagt: »Ich will es auf meine Weise tun« und die zweite Identität: »Ich muß es auf Mutters Weise tun, um zu überleben«. Hier haben wir wieder die zwei Seiten des inneren Kindes. Wenn sie auf andere Lebensbereiche verallgemeinert werden, erschaffen beide sowohl im Erwachsenen als auch im Umgang mit anderen Konflikte.

Das innere Kind kann beispielsweise eine Identität auf den Chef projizieren und hat dann das Gefühl, es müsse zu einem *Duckmäuser* werden, um zu überleben. Es glaubt: »Ich kann es niemals auf meine Weise tun.« Als Chef könnte das innere Kind die Ich-will-es-auf-meine-Weise-tun-Trance auf einen Angestellten projizieren und fordern: »Entweder auf meine Art und Weise, oder Sie sind entlassen.«

Dieses Beispiel ist eine Vereinfachung des Identitätsprozesses, obwohl ich sicher bin, daß wir uns alle vorstellen können, wie diese automatischen Konflikte, die jeder Identitätsformung eigen sind, in der Schule, in der Ehe oder am Arbeitsplatz auftauchen. Sehen Sie sich dieses Double-bind oder Verlierer-Verlierer-Inszenario einmal an. Das Kind sieht nur zwei Möglichkeiten: ungeliebt oder entlassen. Wenn der Erwachsene sich in seiner Identität anpaßt, um zu überleben, fühlt er sich verloren, entfremdet und mißverstanden.

Unglücklicherweise besteht die Regel in unserer Gesellschaft – die das Umfeld ist, in dem wir leben – darin, sich anzupassen und sich selbst aufzugeben. Mit dem Beginn der industriellen Revolution entstand auch die allgemeine Verbreitung der Psychologie. Die Gesellschaft fordert von den Menschen, »das Spiel mitzuspielen«, und die Psychologie, ein Kind der industriellen Revolution, bietet dem Kind Möglichkeiten an, sich anzupassen. Dieser Prozeß des Anpassens ist verwirrend. Er fordert von den Menschen, sich selbst aufzugeben, um zu überleben. Leider unterstützt die Gesellschaft mit ihrer kindlichen Psychologie diesen Prozeß, indem sie jene belohnt, die wissen, wie man »das Spiel spielt« (Geld, Status, etc.), und jene bestraft, die sich nur unter Schmerzen »verkaufen« können. Der bekannte Industriepsychologe Frederick Herzberg pflegte zu sagen, daß deswegen Probleme bei Erwachsenen auftauchen, weil wir sie auffordern, sich wie verantwortliche Erwachsene zu verhalten – *sie aber wie Kinder behandeln.* Herzberg sagte stets: Wenn Sie wollen, daß sich jemand wie ein Erwachsener verhält, müssen Sie ihm die Aufgabe eines Erwachsenen geben und ihn wie einen Erwachsenen behandeln. Herzberg behauptete, das Fließband der mechanischen Gesellschaft verlange von Erwachsenen, sich wie Kinder zu verhalten und zu arbeiten. Gemäß Herzberg ist das nicht möglich, und so handeln Fließbandarbeiter wie Kinder – mit hohen Umsatzraten und niedriger Produktivität.

Die vier Arten der Verwirrung

1. Verwirrung hinsichtlich der Aufgabe

Die Verwirrung kann vier Formen annehmen. Bei der ersten Art von Verwirrung stellen die Eltern Forderungen auf, die unmöglich zu erfüllen sind oder vom Kind als erdrückend empfunden werden. Diese erdrückenden elterlichen Erwartungen, die das Kind unmöglich erfüllen kann, schaffen Gefühle der Verwirrung und des Chaos. Die Verwirrung wird zu einem Mechanismus, einer Möglichkeit, wie das Kind den Vorfall in den Griff bekommen kann. Ein Beispiel: Die Eltern erwarten von ihrem dreijährigen Kind, allein ein Erdnußbutterbrot zu streichen. Der *Beobachter* schafft Verwirrung, und das Kind fühlt sich überwältigt und verwirrt. Die Verwirrung wird auf alles verallgemeinert, um was man es bittet. Sogar Jahre später fühlt es sich erdrückt und verwirrt, wenn man es bittet, bestimmte Aufgaben zu erfüllen. Das verwirrte innere Kind bleibt eingefroren, *verallgemeinert* die Verwirrung auf viele Situationen, Ereignisse oder Schauplätze. Das Kind im Erwachsenen fühlt sich ständig unter Druck gesetzt, die Aufgabe perfekt auszuführen. Untertöne, verurteilt zu werden, oder Gefühle der Inkompetenz bzw. Unzulänglichkeit folgen dieser Trance. Die Verwirrung wird vom Beobachter auf Automatik geschaltet, der Beobachter schläft ein, und das innere Kind im Menschen übernimmt die Kontrolle und verschmilzt oder verbindet die Verwirrung mit den Aufgaben.

2. Übergeneralisierung

»Bei dieser Denkverzerrung trifft man eine stark verallgemeinerte Schlußfolgerung aufgrund eines einzigen Vorfalls oder eines einzigen Beweises ... Eine Ablehnung auf dem Tanzparkett bedeutet: ›Niemand will jemals mit mir tanzen ...‹ Man verallgemeinert allzu stark, wenn man mit absoluter Sicherheit annimmt: ›Niemand liebt mich, ich werde niemals in der Lage sein, jemandem zu trauen.‹ Wörter, die darauf schließen lassen,

daß man übermäßig verallgemeinert, sind: alle, jeder, niemand, niemals, immer, jeder und keiner.« [14]

Im obigen Beispiel des Erdnußbutterbrotes klebt die Übergeneralisierung des Beobachters »Ich fühle mich immer wie erdrückt, wenn ich etwas zu essen machen muß« am inneren Kind fest, friert es in der Zeit ein (altersregressiv) und verallgemeinert dann allzusehr. Das führt zu einer Begrenzung des Lebens. Anstatt kochen zu lernen, stellt das Kind im Mann einen Koch an oder besteht darauf, daß seine Ehefrau kocht. Das schränkt den Erwachsenen der Gegenwart ein.

3. Verwirrung in Beziehungen

Übergeneralisierung ist häufig in Beziehungen anzutreffen. Das Kind lernt, daß Verwirrung ein machtvolles Werkzeug ist, um Menschen wegzudrängen, um Raum für sich selbst zu schaffen oder um sich versorgen zu lassen. Wir wollen uns einmal vorstellen, der kleine Junge würde, wenn man ihn um etwas bittet, so aussehen, als ob er die Bitte nicht ganz versteht. Der Vater zeigt ihm dann, wie man es macht. Dann bittet die Mutter den kleinen Jungen, die Glühbirne in der Lampe auszuwechseln. Der Sohn zeigt sich verdutzt und reagiert mit einem Blick der Verwirrung. Daraufhin erledigt die Mutter die Aufgabe. Der berühmte Komödiant Bill Cosby sagte einmal, Väter wüßten, wie man sich dumm stellt, in dem Wissen, daß die Mütter sie retten werden. Tatsächlich hat der kleine Junge im Mann häufig gelernt, sich dumm zu stellen, damit die Mutter es für ihn erledigt.

Nach einer Weile lernt das Kind, verwirrt auszusehen, zu handeln oder zu sein, denn dann wird es umsorgt. Das ist ein klassisches Beispiel, sobald man es nämlich auf Automatik schaltet, scheint der Akt der Verwirrung bzw. die verwirrte Identität real zu sein und wird vom gesellschaftlichen oder familiären Netz gefördert, was seine Existenz verstärkt. Diese Art der Verwirrung ist stärker situationsorientiert. Die Therapie muß sich auf die Trance der Verwirrung konzentrieren, die vom inneren Kind eingesetzt wird, um den Erwachsenen der Gegenwart zu hypnotisieren.

In einem Beispiel für die Anwendung dieser Strategie wurde ein junges Mädchen sexuell mißbraucht. Als Erwachsene reagiert sie immer dann ängstlich, wenn sie es mit Männern zu tun hat. Zuerst gab es diverse Trancephänomene, die das Kind erschaffen hat. Innere Stimmen, Selbstgespräche, Abblocken, usw. werden im Laufe einer Verwirrung oder eines Chaos geschaffen. Der Auslöser sind dann »die Männer«. Die Reaktion des inneren Kindes wird zum Problem. Daher muß als Teil der Therapie die automatische Abstempelung aller Männer als Täter verändert werden, damit sich die subjektive Erfahrung der Patientin verändern kann. (Siehe Anhang I, Der Auslöser)

4. Kontrolle durch Verwirrung

Bei der vierten Verwirrungstechnik erschafft der Beobachter mittels einer Reihe von Interaktionen Verwirrung in seiner Umgebung. Das ist eine schützende, verteidigende Haltung, die dem Kind ein subtiles Gefühl der Sicherheit und der Kontrolle über Interaktionen verleiht, die normalerweise nur wenig Kontrolle bieten. Auf diese Weise lernt der einzelne, wie er seine Umgebung austricksen und ausmanövrieren kann, indem er Verwirrung erschafft. Das Kind lernt, daß die Erwachsenen durch den Gebrauch bestimmter Worte, wenn es z. B. über den Kopf der Erwachsenen hinweg spricht, oder durch bestimmte Verhaltensweisen verdutzt reagieren, bisweilen sogar reserviert. Das hilft dem Kind, sich mächtig zu fühlen, wenn es sich in Wirklichkeit *machtlos* fühlt. Das Kind fühlt sich in Wirklichkeit machtlos, überwältigt und verwirrt, und in dieser Verwirrung beschließt das Kind, andere zu verwirren, um sich selbst mächtig zu fühlen.

In der Gestalttherapie gibt es einen Grundsatz, der besagt: Tue anderen, was dir getan wurde. Wir wollen uns das letzte Beispiel im möglichen Lichte eines der eindrucksvollsten Hypnotherapeuten in der Geschichte ansehen – Milton H. Erickson. Dr. Erickson hatte Kinderlähmung und erlitt diverse Schlaganfälle. Er entwickelte Möglichkeiten der Schmerzkontrolle und baute innere Ressourcen auf, um zu überleben. Dann setzte er diese Methoden (Tue anderen ...) ein, um einer Vielzahl von Menschen zu helfen. Einer von Ericksons wichtigsten Beiträgen im Bereich der Hypnose lag, gemäß Dr. Jeffery Zeig, auf dem Gebiet der Verwirrung. Erickson war nicht nur ein Meister der Schmerzkontrolle, sondern auch ein Meister darin, bei seinen Patienten Verwirrung auszulösen. Es ist die Meinung dieses Autors, daß Erickson, wie jeder, der unter Kinderlähmung und Schlaganfällen zu leiden hat, tiefe Machtlosigkeit, Verwirrung und Chaos durchlebte, die in der Zeit eingefroren waren. Er setzte jedoch diesen Zustand ein und tat anderen, was ihm getan wurde: Er erschuf Verwirrung in anderen. Er bediente sich dieser Methode, um Menschen zu helfen, die bewußte Störung zu umgehen und ihnen das Gefühl der Macht zu geben, wenn sie sich über die Machtlosigkeit in ihrem Leben beklagten. Erickson konnte sich auch machtvoll fühlen, wenn er in anderen das hervorrief, was ihm getan wurde, nämlich Verwirrung. Erickson konnte seinem eigenen Gefühl der Machtlosigkeit dadurch begegnen, daß er andere »unten hielt« und sich selbst »oben«. Das war das kreative Talent von Erickson, der seinen eigenen Prozeß der Verwirrung nutzte, um anderen und sich selbst zu helfen.

Wenn die Erschaffung von Verwirrung zur Bewältigung der eigenen Machtlosigkeit jedoch auf Automatik geschaltet wird, durchlebt der Betroffene Gefühle der Isolation, der Entfremdung, fühlt sich mißverstanden und einsam, denn um das Gefühl von Macht und Kontrolle aufrechtzuerhalten, muß man ständig Verwirrung in anderen und in der eigenen Welt erschaffen.

Häufig setzen sehr intellektuelle Menschen die oben genannte Strategie ein. Einer meiner Patienten verwirrte ständig seine Eltern und beeinflußte so seine Umgebung und seine Beziehungen, um das Gefühl der Kontrolle zu erzielen. Menschen, die das Gefühl haben, sie müßten anderen ständig *einen Schritt voraus* sein, *benachteiligen* andere auf subtile Weise und leiden unter dieser Trance. Um sich nicht benachteiligt zu fühlen, wird aus strategischen Gründen Verwirrung gestiftet. Der Ansatz der Verwirrung kann funktionieren, aber Einsamkeit ist ein hoher Preis für Kontrolle, insbesondere wenn die Mittel derart im inneren Kind eingebettet sind, so daß es nicht länger die Wahl hat. Diese schützende Trance ist auf Automatik geschaltet und liegt außerhalb der Kontrolle des einzelnen. Der Erwachsene leidet unter der Trance seines inneren Kindes und weiß nicht, warum er andere immer wieder verprellt. Das ist die Macht der Trance des inneren Kindes.

Der nächste Schritt: Mit Verwirrung umgehen

1. Lassen Sie die Verwirrung zu. Bei diesem ersten Ansatz gestatten Sie sich selbst, vollkommen verwirrt zu sein. Sie fühlen sich auch weiterhin verwirrt und erschaffen Verwirrung. Bei dieser Vorgehensweise ist es von immenser Bedeutung, daß Sie 1. konsequent weiteratmen und darauf achten, welcher Körperteil sich verspannt anfühlt und 2. Ihren Körper anspannen und ihn mit dem Anhalten des Atmens koordinieren. Auf diese Weise erfahren Sie ein Ganzkörperbewußtsein der Verwirrung und in welchem Bezug sie zum Rest Ihres Körpers steht. Durch die willkürliche Erfahrung und Erschaffung der Verwirrung kann der Beobachter in die Gegenwart hinein aufwachen und muß nicht länger durch das Fenster des inneren Kindes schauen.

2. Differenzieren Sie. Wie bei allen Trancezuständen wird auch die Verwirrung als fester Block erfahren, als eine einzige, undifferenzierte Masse. Achten Sie ganz genau auf die spezifischen Gebiete der Verwirrung, und benennen Sie sie mit verschiedenen Adjektiven, wie beispielsweise klar, trocken, offen, dunkel, bewölkt, erdrückt. Das verändert die Erfahrung, was wiederum zu einem veränderten subjektiven Gefühl führt.

Mit interpersonaler Verwirrung umgehen

1. Die Ausweitung der Sicht oder des Wahrnehmungsfeldes
Bei dieser Technik bedient man sich der ganzen Erfahrung der Verwirrung, indem man die Verwirrung genau so, »wie sie ist«, beobachtet – ohne Urteile oder den Wunsch, sie zu entfernen. Wenn

man die Verwirrung zuläßt und sie erfährt, tritt eine Veränderung im Bewußtsein auf.

2. Beobachten und Messen
Stellen Sie sich wiederholt die folgenden Fragen. Schreiben Sie Ihre Antworten auf.

a) Wo sitzt die Verwirrung?
b) Welche Form hat die Verwirrung?
c) Ist sie vage oder deutlich?
d) Hat sie eine Farbe?
e) Verändert sie Ihr Gefühl über sich selbst?
f) Verändert sie Ihr Gefühl über die Welt?

Wenn Sie sich diese Fragen immer wieder stellen, können Sie die Verwirrung beobachten.

g) Beachten Sie, daß Sie der Beobachter und Schöpfer der Verwirrung sind.

Schlußfolgerung

In unserer Zivilisation versuchen einzelne, aus ihrer Verwirrung »auszubrechen« und »Klarheit zu erlangen«. Paradoxerweise wird die Verwirrung stärker, wenn man versucht, Klarheit zu erlangen. Es wird eine Identität geschaffen, deren Ziel es ist, Klarheit zu erlangen. Am interessantesten ist hier der Prozeß der »Aufklärung«. Das Kind wehrt sich gegen die Erfahrung der Trance der Verwirrung. Einfacher gesagt, der Versuch, »Klarheit zu erlangen«, zu »verstehen«, »herauszufinden« oder zu »wissen« ist eine Möglichkeit, wie das Kind im Erwachsenen sich gegen die Verwirrung wehrt. Daher hält gerade der Versuch, die Verwirrung loszuwerden, sie am Leben. Dieser Widerstand dagegen, die Erfahrung der Verwirrung zu erfahren, zusammen mit dem Etikett »Verwirrung ist schlecht« halten die Trance eingefroren. Der einzelne kann lernen, Verantwortung für die Erschaffung der Verwirrung zu übernehmen, und bereitwillig die Trance erfahren, ohne den Widerstand durch den Versuch, »Klarheit zu erlangen«. Wer bei der Verwirrung bleibt, sie *willkürlich* erschafft oder sich bewußt in der

Gegenwart *für sie entscheidet*, verändert das eingefrorene Feststecken, befreit somit den Erwachsenen von den Klauen des inneren Kindes und weckt den Beobachter und Schöpfer der Verwirrung.

11

Tranceträumen

Träumen… Träumen… Träumen… Träumen
Träumen… Träumen… Träumen… Träumen
Wenn ich mich
in der Nacht nach dir sehne
Wenn ich deine Arme
um mich spüren will
Wann immer ich mich nach dir sehne
brauche ich nichts weiter zu tun
als zu träumen

Everly Brothers

Tranceträumen tritt auf, wenn der *Beobachter* das Kind von der Familie oder der Welt abtrennt. Das Kind verliert sich selbst, wenn es anfängt zu träumen. In Wirklichkeit hat der Traum einen ganz bestimmten Zweck: eine bessere Welt im Innern zu schaffen, um den Schmerz der Außenwelt zu bewältigen. Leider bleibt das träumende Kind in der Zeit eingefroren. Der *Beobachter* erschafft im Kind einen Traum, der wiederum von der Welt abgetrennt ist. Mit anderen Worten: Um träumen zu können, trennt sich das Kind von der Welt und von seinem Körper ab. Diese Trance, die vom *Beobachter* erschaffen wird, trennt das Kind ab, und auf diese Weise kann das Kind überleben.

Das Problem besteht darin, daß der Traum innerhalb des Kindes eingefroren und daher verzerrt ist – er hallt wider von der Welt des Kindes, nicht von der Welt des Erwachsenen in der Gegenwart. Das innere Kind träumt davon, ein Ritter in glänzender Rüstung zu sein und eine Maid in Not zu retten. Sobald das auf Automatik geschaltet wird, läuft der Traum in der Gegenwart weiter, als ob er real wäre. Co-abhängige Männer und Frauen, die davon träumen, ihren Partner von dessen Sucht zu befreien, befinden sich in der Trance des Träumens. Um zu träumen, trennen sie sich nicht nur vom Problem ihres Partners (dem Trinken) ab, sie trennen sich auch von ihrem eigenen Körper ab. Wenn das auftritt, entscheidet sich das Kind im Erwachsenen für den Traum in der Welt des Jahres 1995. Da der Beobachter schläft, kann das Kind im Erwachsenen nicht verstehen, warum sich der Traum nicht verwirklicht. Außerdem klammert sich das Kind im Erwachsenen so fest an den Traum, daß es versucht, den Trinker diesem Traum anzupassen. Diese Trance des inneren Kindes kann so intensiv sein, daß der Traum ständig der realen Gegenwart vorgezogen wird.

Ich habe mit einer Frau gearbeitet, die einem gewalttätigen Mann derart hörig war, daß ihr inneres Kind nicht aufhören wollte, zu träumen. Auch nach jahrelanger Therapie entschied sie sich immer für den Traum, nie für die Wirklichkeit. Sie träumte, er würde sich ändern (*was er nie tat*). Ich erwähne dieses Beispiel, weil sie weder den Traum noch den gewalttätigen Mann jemals aufgab, so intensiv war die Trance ihres inneren Kindes.

Dieser Traum kommt vom Kind im Erwachsenen, nicht vom *Beobachter* der Gegenwart. Die Aufgabe besteht darin, den Beobachter der Gegenwart aus der Identität des träumenden Kindes der Vergangenheit zu erwecken. Dies kann durch die folgenden Übungen erreicht werden:

1. Fragen Sie sich selbst, an welcher Stelle Ihres Körpers Sie das träumende Kind spüren.
2. Erschaffen Sie willkürlich einen Traum, und setzen Sie ihn an die Stelle in Ihrem Körper, an der sich das träumende Kind befindet.
3. Achten Sie auf den Unterschied zwischen Ihnen und dem Traum des inneren Kindes.
4. Erschaffen Sie mehrmals das träumende Kind.

Der Traum ist tief im Kind verankert und wird häufig zu einer wichtigen motivierenden Triebkraft des Erwachsenen – als Lebensweise oder als Grundprinzip fortwährender Verhaltensweisen. In dem klassischen Woody-Allen-Film *Mach's noch einmal, Sam* träumt Woody, er sei wie Humphrey Bogart. Die Übertreibung des Traums macht offensichtlich, daß das innere Kind träumt. Die Person bekommt nur deshalb ein Problem, weil sie niemals er selbst sein kann. Ständig versucht sie, Humphrey Bogart zu sein (sein Traum). Der ahnungslose Erwachsene stellt sich vor, der Film sei real, und erkennt nicht, daß das innere Kind diesen idealisierten Traum erschaffen hat.

Die Schwierigkeiten für den Erwachsenen rühren aus der Tatsache, daß er sich nicht bewußt ist, daß sein Traum eine vom kleinen Kind stammende Trance ist, denn der Traum scheint logisch. Die Traumtrance kann mit rationaler Tüchtigkeit und emotionaler Logik unterstützt, erklärt und diskutiert werden. Woody Allen meint, wie Bogart sein zu müssen, um die Beziehung eingehen zu können, die er sich wünscht. Wie viele von uns haben einen Traum, der uns sagt, wenn wir auf eine bestimmte Weise aussehen, handeln oder sind, werden wir die Partnerbeziehung unserer *Träume* haben? Das ist bei vielen meiner Paar-Sitzungen das Problem: Einer oder beide träumen den Traum des inneren Kindes. Manchmal versucht einer der beiden, den Partner zu ändern und dem Traum anzupassen. Manchmal ist der Traum so idealisiert, daß der Erwachsene mit dem träumenden inneren Kind schwer darunter leidet. Ich bitte den Erwachsenen zu Beginn der Arbeit, den Traum des inneren Kindes anzusehen, anstatt zu versuchen, den Partner zu ändern. Die Tragödie an dieser weitverbreiteten Situation ist, daß der Partner niemals die Beziehung der Gegenwart erfährt. Der idealisierte Traum wird über *das, was ist*, gestülpt.

Bei der Arbeit an sich selbst muß man erkennen, daß es Gefühle der Trauer, der Enttäuschung, der Unzufriedenheit und der allgemeinen emotionalen Verwirrung gibt, sobald man sich den Träumen der Vergangenheit stellt. Die Welt der Gegenwart entspricht nicht dem Traum des Kindes, der sich im Erwachsenen gefestigt hat.

Tranceträume sind aus vielerlei Gründen wichtig. Manche Menschen haben keine Tagträume. Wenn man unfähig ist, zu träumen, tagzuträumen oder zu phantasieren, so ist das ein großer Verlust, denn in diesem Fall fehlt die Fähigkeit, Zugang zur eigenen Intuition zu bekommen. Das Gegenteil trifft ebenfalls zu: Ein Trancetraum, der auf Automatik geschaltet ist, schafft Abtrennung vom Jetzt, da das innere Kind die Trance beginnt und beendet, und nicht der Beobachter in der Gegenwart. Beim ersteren träumt das innere Kind, beim letzteren ist das innere Kind überwachsam.

Als Beispiel möchte ich den Mann nennen, der mich zur Beratung aufsuchte, weil er keine Tagträume hatte. Aufgrund seiner mangelnden Fähigkeit zum Tagträumen durchlebte er einen konzentrierten, über-identifizierten Zustand mit starkem Angstgefühl und Überwachsamkeit. Ihm fehlte die Fähigkeit, loszulassen und in Trance zu träumen. In diesem Fall mußte sein inneres Kind überwachsam sein, weil in seiner Kindheit sein Vater aufgrund von emotionalen Problemen in eine Anstalt eingewiesen worden war. Wie bei der Trance der Überidentifizierung kam das Tranceträumen einem Desaster gleich.

Wenn der Beobachter schläft, ist der Trancetraum die einzige Möglichkeit des Kindes im Erwachsenen, sich gegen das Erleben der Gegenwart zu wehren. Wir sind gesund, wenn wir die Fähigkeit haben, *in freier Entscheidung* Tranceträume zu erschaffen und zu beenden. Bei den meisten Menschen sind die Tranceträume auf Automatik geschaltet; es sind Versionen unerfüllter Kindheitsthemen. Die freie Entscheidung ist die Fähigkeit, Tranceträume zu wählen oder abzulehnen. Wie beispielsweise die Frau, die sagte: »Es gibt Wesen/Führer, die zu mir kommen, und ich werde wie Christus sein.« Ich wuchs aus meinem eigenen Traum, Basketball zu spielen, heraus. Ihr Traum verfestigte sich. Jahre vergehen, und sie vergißt, daß sie ein kleines Mädchen ist, das träumt. Jetzt ist sie 30 und nicht bereit, den Traum zu leben. Eine kritische Veränderung des Standpunkts ist erforderlich. Der alte Traum verursacht einen Konflikt mit der Wirklichkeit von heute. An diesem Punkt bringt der Therapeut den Traum auf eine Ebene der Wirklichkeitsorganisation (d.h. was in der Gegenwart real ist und was nicht).

Wenn Sie nicht träumen oder Ihre Träume unterbrochen haben, ist es wichtig, an sich selbst zu arbeiten und die Fertigkeit des Tranceträumens zu entwicklen; das unterbricht die überwachsame Identität des inneren Kindes. Einige kreative Ideen werden aus dieser neuen Fertigkeit erwachsen. Selbstunterbrechungen, die in der Kindheit erfunden wurden, unterminieren die Fähigkeit der Menschen zu träumen. Eltern suggerieren dies durch Bemerkungen wie »Sei realistisch«, was bedeutet: »Sieh die Welt so, wie ich sie sehe.« Das Kind hört auf, jemals wirklich in seinen eigenen Traumzustand zu fallen.

Der Identitätstraum

Sieh mich an
Wer soll ich sein
Wer soll ich sein
Sieh mich an
Was soll ich tun
Was soll ich tun
Wer sind wir
O meine Liebe

John Lennon

Identitätsverzerrung ist eine in der Zeit eingefrorene Geschichte dessen, was geschah oder eine allgemeine Geschichte, geschaffen, um sich gegen das Trauma der Gegenwart zu wehren. Im Traum wird man gehört und gesehen. Beispielsweise wurde ein Freund von mir, mit dem ich in Indien zusammengelebt habe, als Kind mißbraucht. Während des Traumas des Mißbrauchs träumte er davon, vor den Vereinten Nationen eine Rede über die Weltprobleme zu halten. Man liebte ihn und hörte ihm zu.

Probleme entstehen, wenn die Identitätsverzerrung kontextunabhängig wird – oder wenn die Identitätsverzerrung feststeckt und ohne Rücksicht auf interpersonales Feedback von der Familie, Schule oder Partner autonom abläuft. Beispielsweise kann ein Kind ohne musikalische Fähigkeiten, das sich selbst als gefeierten Rock-'n'-Roll-Star sieht, ohne interpersonales Feedback funktionieren. Das Feedback von außen ermöglicht es, die Selbst-zu-Selbst-Trance des inneren Kindes in Frage zu stellen, damit der

Beobachter seine Schöpfung loslassen kann. Ohne angemessene zwischenmenschliche Interaktionen verfestigt sich die Trance in der Entwicklung. Es erfordert eine angemessene interpersonale Umgebung, um diese Entwicklungserfahrung reibungslos zu durchlaufen. Der Identitätstraum, der ohne angemessenes Feedback von-Kind-zu-Kind funktioniert, kann Depressionen, Angstgefühle, usw. hervorrufen.

»Externalisation« tritt auf, wenn dem einzelnen während seiner Entwicklung die besondere Erfahrung einer sicheren, liebevollen, unterstützenden Umgebung verwehrt wird, die ihm ein Gefühl für Ganzheit, Geborgenheit und Wohlbefinden vermitteln würde. Um diesem Mangel zu begegnen bzw. um ihn zu neutralisieren, erschafft er einen Traumcharakter, der ihm die ganze Erfahrung zukommen läßt, die für ein größeres Selbstgefühl notwendig ist. Kinder, die imaginäre Spielgefährten entwickeln, von denen sie in angemessenem Maße Liebe, Verständnis und Zuneigung erhalten, zeigen deutlich dieses Phänomen.

Die Externalisation ist ein Vorgang, der dem Menschen die abgetrennten Erfahrungen bietet, die er braucht. Um noch einmal auf das frühere Beispiel einzugehen: Während ich in Indien lebte hatte ein introvertierter Freund wiederholt einen Identitätstraum von sich selbst, wie er vor den Vereinten Nationen einen Vortrag zur Lage der Welt hielt. Nachdem ich eine Weile mit ihm geplaudert hatte, merkte ich, daß niemand ihm als Kind zugehört hatte und daß er mißbraucht worden war, daher schuf sein inneres Kind diesen Traum von den Vereinten Nationen. In diesem Fall wurde die Familie vom inneren Kind auf die Vereinten Nationen übertragen.

Das wird zum Problem, wenn der Traum (der Freund, der Liebhaber, der Prinz, die Situation, etc.) auf die Außenwelt projiziert wird. Dieser Prozeß der Externalisation wird zu einer zwanghaften Neigung, interpersonal (mit der Welt) zu beenden, was mit sich selbst vollendet werden muß. Mit anderen Worten, da man Ihnen niemals zugehört hat, versuchen Sie nun zwanghaft, sich verständlich zu machen. Dieses Phänomen wird zu einem Problem, weil die Projektionen in dem kindlichen Zustand auftreten. Konsequenterweise kann der altersregressive Erwachsene nur als Kind interagieren, das versucht, sich selbst zu vervollständigen, anstatt als Erwachsener, der seine Bedürfnisse erfüllt.

Beispielsweise fiel das innere Kind meines Freundes in einen kindlichen Zustand und träumte nur davon, die Menschen würden auf ihn hören, anstatt die Leute aufzufordern, ihm zuzuhören. Der Traum des inneren Kindes hielt ihn davon ab, Forderungen zu stellen und seine Bedürfnisse der Gegenwart zu erfüllen.

Der nächste Schritt: Mit dem Tranceträumen umgehen

Allzu viele Tagträume?

1. Achten Sie auf den Traum.
2. Beachten Sie, an welcher Stelle Ihres Körpers sich das träumende innere Kind befindet.
3. Erschaffen Sie einen Traum, und versetzen Sie ihn in das Kind in Ihrem Körper.
4. Erschaffen Sie das Kind und den Traum.
5. Erkennen Sie den Unterschied zwischen Ihnen (dem Beobachter/Schöpfer) und dem träumenden Kind.

Tranceträumen fördern

Diese Übung soll denjenigen das Träumen erleichtern, die nicht in der Lage sind, dieses Phänomen zu erfahren. Sie ist auch für überwachsame Menschen geeignet.

1. Schritt: *Entspannen Sie sich.* Machen Sie es sich bequem, und fangen Sie an, sich verschiedene, angenehme Szenen vorzustellen: Wälder, Berge, Meere, Menschen, die Sie mögen, usw.
2. Schritt: *Seien Sie achtsam.* Achten Sie auf die ganze Szene, in allen Einzelheiten.
3. Schritt: *Spüren Sie die Erfahrung.* Begeben Sie sich in die Szene hinein, und spüren Sie, wie es sich anfühlt, Teil des Traumes zu sein.

4. Schritt: *Vor dem Zubettgehen.* Bitten Sie sich selbst, bevor Sie einschlafen, darum, Ihre Träume zuzulassen und sich an sie zu erinnern. Manche Menschen, die eine Lösung für ihre Probleme suchen, erhalten durch diese Technik eine Antwort. Schreiben Sie übungshalber den ersten bewußten Gedanken nach dem Aufwachen auf. Die Genauigkeit bzw. Treffsicherheit dieser Kommunikation wird Sie überraschen.

All diese Übungen erleichtern die zunehmende Fertigkeit und das Bewußtsein hypnotischen Träumens und tragen auf diese Weise zur Selbsterkenntnis bei.

Zusammenfassung

Man kann gar nicht oft genug betonen, daß Träumen *nicht falsch* ist. Die Sprengkraft der Träume wird nur dann freigesetzt, wenn sie außer Kontrolle geraten, automatisch ablaufen und das Kind im Erwachsenen die Welt der Gegenwart und die Verbindung zum Körper verliert. Durch Beobachten und willkürliches Erschaffen kann der *Beobachter/Schöpfer* aufwachen und »die Kontrolle« über den Traum erlangen, anstatt Gefangener der Trance des inneren Kindes zu sein.

Mit den Identitätsträumen umgehen

1. *Anerkennen.* Beobachten Sie, wie Ihr Verstand die verschiedenen Geschichten und Themen anerkennt, die auftauchen.
2. *Beachten.* Beachten Sie beispielsweise folgendes:
   a) Vom Tellerwäscher zum Millionär: Sie sehen, wie Sie aus ärmlichen Verhältnissen zu Anerkennung und Ruhm aufsteigen (im Stil der *Rocky*-Filme);
   b) der Cinderella-Komplex: Sie träumen, jemand taucht aus dem Nichts auf und »errettet Sie von all dem«;
   c) Sie sehen sich selbst als Fußball- oder Rockstar oder als einflußreiche Persönlichkeit.

Achten Sie auf die Handlung. Für gewöhnlich sieht man in diesen Identitätsträumen eine *eindimensionale Nachbildung* der Geschichte. Achten Sie darauf, daß Sie den Traum des inneren Kindes als *Beobachter* wahrnehmen.

3. Fragen Sie sich selbst, welche Bedürfnisse das innere Kind durch diese Träume zu erfüllen sucht. Schreiben sie Ihre Antworten auf.

4. Fragen Sie sich selbst: »Bin ich bereit, die Erfüllung meiner Bedürfnisse in meinen gegenwärtigen Beziehungen einzufordern?« Schreiben Sie Ihre unerfüllten Bedürfnisse auf und ob Sie bereit sind, deren Erfüllung jetzt einzufordern. Versuchen Sie das eine Woche lang, und schreiben Sie auf, welche Gefühle Sie verspürten und wie andere auf Sie reagierten. Wenn Sie in dieser Woche beispielsweise um Zuneigung baten, könnte Angst entstanden sein. Wie haben andere in Ihren Augen auf Ihre direkten Forderungen reagiert?

Zusammenfassung

Identitätsträume, eine Untergruppe des Träumens, helfen dem einzelnen in stressigen Zeiten. Sie werden nur zum Problem, wenn das innere Kind autonom agiert und die Gegenwart zur Vergangenheit macht – außerhalb der Kontrolle und des Bewußtseins des schlafenden *Beobachters*.

12

Amnesie

Amnesie, man spricht häufig auch von Verleugnung, ist eine Trance, die eigenständig funktionieren kann, ohne die bewußte Kontrolle des Erwachsenen in der Gegenwart. Das innere Kind erfährt diese Trance als eine Möglichkeit, sich selbst vor unangenehmen Situationen zu schützen.* Es folgen verschiedene Amnesieformen:

1. *Selbsttäuschende Amnesie* stellt sich ein, wenn das Kind im Erwachsenen vergißt, sich an eine Situation zu erinnern, so beispielsweise das erwachsene Kind eines Alkoholikers, der das Alkoholproblem seiner Eltern vergißt.
2. *Auslöschung* oder das Auslassen angemessener Informationen während kommunikativer Interaktionen läßt unverbindliche Feststellungen zu, die auf vielfältige Weise interpretiert werden können. (Einfache Feststellungen wie: »Du weißt, wie es ist, wenn solche Dinge geschehen.«) – Wer fühlt, was wird gefühlt, was geschieht?
3. *Vergessen* – Amnesie tritt auf, wenn der einzelne das, was er gesagt hat, in dem Versuch vergißt, eine Situation zu kontrollieren, die er als unkontrollierbar wahrnimmt. Dieses Muster der Verleugnung tritt auf, wenn jemand – um die Spannung zu mindern – zustimmt, etwas zu tun, und dann vergißt, was er tun wollte.

Diese Amnesieformen sind die intensive Anstrengung des *Beobachters*, das Kind ausgeglichen zu halten. Sie zeigen sich dadurch,

* Wir können das hier nicht ausführlich behandeln, aber schwere Amnesie kann ein Anzeichen dissoziativer Störungen oder gar multipler Persönlichkeitsstörungen sein. (Anm. d. Autors)

daß man Informationen oder Ereignisse vergißt, um unkontrollierbare Situationen unter Kontrolle zu bringen – für gewöhnlich in Zusammenhang mit früheren Erfahrungen wie Chaos, Leere oder dem Gefühl, außer Kontrolle und überwältigt zu sein.

Kinder aus dysfunktionalen Familien fühlen sich beispielsweise häufig überwältigt, verloren, verlassen oder ängstlich. Um das in den Griff zu bekommen, erschafft der Beobachter Betreuungspersonen, verlorene Kinder und durchsetzungskräftige Identitäten, die durch Amnesie verhüllt werden, so daß sich der Betroffene nicht daran erinnert, wie diese Identitäten entstanden sind. Identitäten werden vom Beobachter geschaffen, um das Chaos zu bewältigen. Wenn Amnesie (Was ist geschehen?) eingesetzt wird, umgibt sie die Identität, und man kann sich nicht mehr an den Grund erinnern, warum dieses Bewältigungshilfsmittel geschaffen wurde (z. B. das Trauma).

Amnesie heißt Vergessen; Amnesie ist ein Mittel der Verteidigung. Die Amnesie hat sich entwickelt, weil der *Beobachter* nicht wollte, daß sich das Kind erinnert. Wenn eine Frau zur Therapie kommt und sagt: »Ich kann mich einfach nicht erinnern!«, dann zeigt sie auch Symptome, wie das Anhalten des Atems und das Anspannen der Muskeln, um das Vergessen aufrechtzuerhalten. Amnesie ist ein Verteidigungsmittel, eine Möglichkeit, wie der *Beobachter* dem Kind helfen konnte, die Umständen zu überleben, unter denen es aufwuchs.

Wenn ein Patient sinngemäß ausdrückt »Ich habe das schlechteste Gedächtnis der Welt, und ich möchte daran arbeiten« oder »Ich kann mich nicht an das erinnern, was geschehen ist, aber ich habe das Gefühl, ich bin sexuell mißbraucht worden«, dann ist die Strategie für den Therapeuten recht einfach: Lassen Sie den Patienten atmen und Sie ansehen. Das ermöglicht Zugang zur »vergessenen« Erfahrung. Muster werden im Körper und im Atem festgehalten. Darum schlage ich traumatisierten Patienten immer eine Art von Körpertherapie vor: Rolfing, Bioenergetik, Feldenkrais, Alexander-Technik oder Massage.

Körpererinnerungen an ein Trauma werden tief im Körper vergraben. Körperarbeit hilft dabei, die »vergessene« oder verleugnete Erinnerung, die im Körper gespeichert ist, freizulegen.

Außerdem sind viele psychotherapeutische Richtungen, wie z.B. Reichianische Körperarbeit und Bioenergetik, der Ansicht, daß jedes Körpermuster mit einem psychologischen Muster in Verbindung steht.

Mit sich selbst arbeiten

Bleiben Ihre Atmung und Ihre Muskeln unverändert? Beinahe jede psychologische Komponente scheint auch eine körperliche Komponente zu haben. Wenn Sie atmen sollen, schauen Sie und bleiben Sie bewußt. Die Ereignisse, die die Amnesie auslösten, tauchen dann häufig einfach auf. Es ist nicht falsch, eine Amnesie zu haben, wenn Sie in der Lage sind, sich ihrer in freier Entscheidung zu bedienen. Es folgt eine überarbeitete Niederschrift, um die Arbeit mit Amnesie zu verdeutlichen.

Stephen: Ich möchte, daß Sie sich zurückerinnern ... Erinnern Sie sich an die Zeit, als Sie sich wirklich vergeßlich fühlten?

Patientin: Ja, ich kann mich nicht daran erinnern, wie ich in der Schule von so einem Schlägertyp verprügelt wurde.

Stephen: Während Sie sich sich selbst in dieser Situation vorstellen, möchte ich, daß Sie diesen Schläger sehen; beschreiben Sie ihn, und spüren Sie »sich« in diesem Bild in Ihrem Körper. (Ich bitte die Patientin hier, das Trauma in ihren Körper zurückzuführen.) Was geschieht mit Ihrem Körper, wenn Sie das tun? (Das Symptom taucht auf.)

Stephen: Erzählen Sie mir, was geschieht, wenn Sie sich sich selbst in einer wirklichen Situation vorstellen, in der Sie frustriert waren, aber an die Sie sich nicht erinnern können. Können Sie diese Art Bild hervorrufen?

Patientin: Ja.

Stephen: Wenn Sie diese Situation zurück in Ihren Körper ziehen, was geschieht dann?

Patientin: Ich komme mir dumm vor.

Stephen: Sie kommen sich dumm vor. Und was geschieht in Ihrem Körper und in Ihren Muskeln?

Patientin: Ich gebe alles, um es hier zurückzuhalten (sie zeigt auf ihre Magengegend).

Stephen: (Zur Klasse gewendet: Sie hat Ihnen schon einen Hinweis auf einen inneren Dialog gegeben.) Haben Sie gehört, was Sie gerade gesagt haben? (sich dumm vorkommen)

Patientin: Ich habe nicht gehört, was ich gesagt habe.

Stephen: Haben Sie gehört, was sie gesagt hat? (zu einer anderen Schülerin)

Schülerin: Ja.

Stephen: Haben Sie es gehört?

Patientin: Nein.

Stephen: Der lebende Beweis für eine Amnesie!

Patientin: Das stimmt nicht. (Sie lacht.)

Stephen: Hier ist ein Beispiel für Ihre Amnesie. Ich lerne von jedem, mit dem ich arbeite. »BRINGEN SIE MIR BEI, WIE IHR INNERES KIND DAS SYMPTOM ERSCHAFFT« ist die Botschaft, die ich der Patientin gebe. Ich lerne, wie man mit Menschen arbeitet, indem ich einfach in dieser Art von Prozeß bleibe.

Hypermnesie

Bei der Hypermnesie erinnert man sich an alles. Auch das ist eine Verteidigungshaltung, eine Möglichkeit, die zum Überleben des Organismus beiträgt. In meiner Familie waren meine Eltern wankelmütig. Ich hörte auf jedes ihrer Worte und erinnerte mich daran, was sie sagten. Ein Jahr oder sechs Monate später meinten sie: »Ich habe dir doch gesagt, daß du das tun sollst«, und ich korrigierte sie. Darauf erwiderten sie stets: »Mein Gott, ich kann nicht glauben, was für ein ausgezeichnetes Erinnerungsvermögen du hast. Du kannst dich an alles erinnern.« Das war die perfekte Suggestion für eine Hypermnesie. Ich konnte sie daran erinnern, was sie vor zwanzig Jahren, vor zehn Jahren, vor fünf Jahren gesagt hatten. Ich erinnerte mich an jedes einzelne Wort. Die negative Seite der Hypermnesie ist die beobachtende, mißtrauische Haltung wie bei der Überwachsamkeit.

Der nächste Schritt: Mit Amnesie umgehen

1. Stellen Sie fest, an welcher Stelle Ihres Körpers sich die Identität Ihres inneren Kindes befindet.
2. Stellen Sie dem inneren Kind Fragen wie »Woran kannst du (das innere Kind) dich in bezug auf X (eine bestimmte Situation) nicht erinnern?«

Wenn Sie beispielsweise das Gefühl haben, daß Ihr Vater Alkoholiker war, dann fragen Sie das innere Kind: »Woran kannst du (das innere Kind) dich in bezug auf Vaters Trinken nicht erinnern?« Schreiben Sie Ihre Antworten auf, und stellen Sie diese Frage so lange weiter, bis nichts mehr auftaucht.

Beispiele für Erinnerungen an die Vergangenheit: »Was weißt du (das innere Kind) nicht über X?« Schreiben Sie Ihre Antworten auf, bis nichts mehr auftaucht.

Ersetzen Sie das X durch die nachstehenden Begriffe. Stellen Sie die Frage so lange und schreiben Sie die Antworten so lange auf, bis nichts mehr auftaucht:

meine Mutter,
meinen Vater,
meinen Bruder/meine Schwester,
meine Kindheit,
meine Beziehung.

Beispiele für die Erinnerung an derzeitige Ereignisse:

mein Geschäft,
mein Auto,
meine Rechnungen,
mein Leben.

Andere Beispiele:

1. Was bist du (das innere Kind) nicht bereit, über die Vergangenheit zu wissen?
2. Was bist du (das innere Kind) bereit, über die Vergangenheit zu wissen?
3. Zu welchem Wissen über die Vergangenheit hast du (das innere Kind) dich entschlossen?
4. Zu welchem Wissen über die Vergangenheit kannst du (das innere Kind) dich nicht entschließen?

Sie verfügen über ein gewaltiges Kontingent an Informationen; Sie können Ihre Meinung darüber, woran Sie sich erinnern können und woran nicht, unter anderem dadurch ändern, daß Sie *Fragen stellen* ... und darauf *achten*, was dann geschieht.

Schlußfolgerung

Das Verständnis, daß sowohl die Amnesie als auch die Hypermnesie Reaktionen auf ungewollte Umstände und familiäre Bedingungen sind, macht es leicht, das Nicht-Wissen (die Verleugnung) aufzulösen und das Wissen zu *erweitern.* Das bietet Ihnen mehr Möglichkeiten der Wahl bzw. der Erfahrungsbereiche in der Welt und öffnet Ihnen Ressourcen aus Ihrer Vergangenheit.

Sobald die Vergangenheit offen ist, kann der einzelne sie als Nachschlagebibliothek für vergessenes Material nützen, das in die Gegenwart und in die Zukunft getragen werden kann. Vorfälle der Vergangenheit zu leugnen erfordert viel Energie – Energie, die in Beziehungen der Gegenwart kanalisiert werden könnte. Die Auflösung des Nicht-Wissens bringt mehr Energie in die Gegenwart. Mit dieser Energie kann man neues Wissen erlangen und kreativ sein.

13

Wahrnehmungsverzerrung: Ich kann nicht fühlen

Sobald du auf die Welt kommst, geben sie dir das Gefühl,
klein zu sein.
Sie haben keine Zeit für dich, anstatt dir ihre ganze
Zeit zu widmen,
Bis der Schmerz so groß ist, daß du überhaupt
nichts mehr spürst.

Working Class Hero, John Lennon

Wahrnehmungsverzerrung ist ein Trancezustand, der als Taubheit, Schmerz, Abgestumpftheit oder als das Gegenteil, Hyperaktivität, empfunden wird. Zu den drei Formen der Wahrnehmungsverzerrung gehören:

1. *Emotionale Wahrnehmungsverzerrung* ist ein Verteidigungs- und Schutzmittel, bei dem der *Beobachter* im Kind Taubheit verursacht. Das Kind entwickelt beispielsweise Taubheit während eines Vorfalls von Kindesmißbrauch. Jahre später entwickelt das Kind im Erwachsenen Taubheit bzw. einen Mangel an sexuellen Empfindungen.

2. *Hypersensitivität* tritt auf, wenn jemand der Welt gegenüber allzu sensibel ist. Beispielsweise kann ein hypersensibler Mensch einen Raum betreten und dann der Ansicht sein, alle hätten gerade über ihn gesprochen, oder jemand kommt 15 Minuten zu spät, und das innere Kind nimmt das persönlich und denkt: »Warum passiert das gerade mir?«

3. *Wahrnehmungsverzerrung und Schmerz* ergeben einen Trancezustand, bei dem der Brennpunkt der Aufmerksamkeit auf

die schmerzhafte Stelle schrumpft. Wenn jemand Kopfschmerzen hat, konzentriert sich die Aufmerksamkeit des Betroffenen auf den Kopf. Ziel ist es, die Aufmerksamkeit auf den gesamten Körper auszudehnen.

Es folgen einige Fallbeispiele, die illustrieren, wie man mit sich selbst arbeiten kann. Sie führen außerdem zum nächsten Schritt: der Auflösung der automatischen Wahrnehmungsverzerrung des inneren Kindes und dem Aufwecken des *Beobachters.*

Typ I: Emotionale Wahrnehmungsverzerrung

Einmal suchte mich ein 250 Pfund schwerer Mann auf. Er wollte wegen seiner Fettleibigkeit therapiert werden. Als wir mit der Therapie begannen, klinkte er sich aus, blockte ab und fühlte dann, wie sein Körper zu Stein wurde (Wahrnehmungsverzerrung). Er hatte keinerlei Empfindungen mehr. Ich suggerierte ihm eine Empfindung und danach die Erfahrung eines Raumes, einer anderen Empfindung und eines kleinen Raumes, einer Empfindung und eines großen Raumes. (Häufig bleiben die Räume zwischen den Wahrnehmungen unbeachtet.) Schließlich begann die undifferenzierte Masse (seines Körpers) zu pulsieren und zu pochen. Er übernahm die Verantwortung für das »abgestorbene« Gefühl des Schutzes und verlängerte bzw. verkürzte selbst die Zwischenräume zwischen den Wahrnehmungen. Die Verlängerung des Zwischenraums verlangsamte bzw. verringerte die Empfindungen, die Verkürzung des Zwischenraumes intensivierte die Empfindungen. Dem Patienten brachte das mehr Energie und ein stärkeres »Körpergefühl«, anstatt seines alten Musters des Rückzugs in die Verleugnung, um Empfindungen zu vermeiden.

Typ II: Hypersensitivitätsverzerrung

Die zweite Form der Wahrnehmungsverzerrung, die Hypersensitivität, wird am Beispiel der Frau verdeutlicht, die in Menschenmengen hypersensitiv reagierte. Sie litt dann unter Herzrasen und Flattern im Brustkasten. Wie bei der ersten Form der Wahrnehmungsverzerrung veränderte die Erhöhung bzw. die Verlangsamung der Empfindungen ihre subjektive Erfahrung. Sie stellte sich vor, die Menschen würden schlecht über sie denken. Ich bat auch sie, eine Empfindung zu erschaffen und auf den Raum zu achten und eine andere Empfindung zu schaffen und wieder auf den Raum zu achten. Auf diese Weise übernahm die *Beobachterin* die Verantwortung für das Erschaffen der Empfindungen.

Eine andere Form der Hypersensitivität kommt aus der Kognitiven Therapie und nennt sich *Personalisierung**.

> *»Personalisierung ist die Neigung, alles um sich herum persönlich zu nehmen. Ein seit kurzem verheirateter Mann denkt, seine Frau würde jedesmal, wenn sie von Müdigkeit spricht, seiner müde sein. Ein Mann, dessen Frau sich über steigende Preise beschwert, hört heraus, sie würde sich über seine Fähigkeit als Brotverdiener beklagen. Ein wesentlicher Aspekt der Personalisierung ist die Gewohnheit, sich selbst mit anderen zu vergleichen. Er ist dumm, ich bin klug. Dem liegt die Annahme zugrunde, der eigene Wert sei fraglich. Der grundlegende Denkfehler bei der Personalisierung ist, daß man jede Erfahrung, jedes Gespräch, jeden Blick als Hinweis auf den eigenen Selbstwert interpretiert.«* [15]

Wenn ich zu spät komme, bezieht das meine Partnerin auf sich: »Er liebt mich nicht mehr.« Jemand mag mein Seminar nicht und ich frage mich: »Was habe ich falsch gemacht?« Wenn Sie Dinge nicht persönlich nehmen, wird Ihnen klar, daß Ihr Partner ständig zu spät kommt, oder Sie können sich sagen: »Das hat nichts mit mir zu tun, der spricht von allem schlecht. Es liegt gerade nicht an mir. Es ist nichts *Persönliches.*«

Die personalisierende Form der Hypersensitivität stammt von einem Elternteil, der personalisierte. Ich habe beispielsweise mit einer Frau gearbeitet, die alles persönlich nahm, was ihr Mann sagte. Wenn ihr Mann sagte »Ich bin wütend auf dich«, fiel sie in

* Auch im folgenden in der Bedeutung: Dinge persönlich nehmen, auf sich selbst beziehen. (Anm. d. Ü.)

die Identität ihres inneren Kindes und hatte das Gefühl, etwas würde mit ihr nicht stimmen. Der Schlüssel zum Verständnis dieses Zustandes ist die Erkenntnis, daß Sie regredieren und zum verletzten inneren Kind werden und die Gegenwart wie die Vergangenheit behandeln müssen, um zu personalisieren. Wenn Sie die Sache aus der Sicht des *Beobachters* der Gegenwart sehen, werden Sie erkennen, daß das Ich-bin-wütend-auf-Dich auf ärgerliche Dinge im Leben ihres Ehemannes zurückzuführen ist und mit Ihnen persönlich nichts zu tun hat.

Typ III: Wahrnehmungsverzerrung, Energiezerstreuung

Anästhesie wird zur Schmerzkontrolle eingesetzt. Zwei Fälle verdeutlichen dieses Phänomen. Eine Frau stellte sich mit chronischen Nackenschmerzen zur Therapie ein. Das auftauchende emotionale Material war das kindliche Gefühl: »Die Welt wird zusammenbrechen.« Ich fragte: »Wo fühlt sich die Erfahrung der Empfindung stumpfer an?« Der Gebrauch des Wortes »Empfindung« hilft, die Aufmerksamkeit vom Schmerz auf die »Empfindung« zu lenken. Ich fuhr fort: »Wo brennt die Empfindung des Schmerzes? Wo ist die Empfindung kühler?« Kein Trancezustand macht sich die ganze Erfahrung zunutze. Das Ziel ist, mittels Suggestionen andere Wahrnehmungserfahrungen zu erkennen, damit sich die subjektive Erfahrung verändert bzw. leicht variiert.

8. Prinzip: Je größer die für das Problem angebotene Veränderlichkeit, desto weniger bleibt das Problem fixiert.

Ein zweites Beispiel handelt von den örtlichen Empfindungen, die in einem bestimmten Bereich auftreten, wie zum Beispiel Kopfschmerzen. Eine Frau suchte mich zur Behandlung ihrer Migräne auf. Zuerst ließ ich sie den Kopfschmerz als Empfindung wahrnehmen. Dann suggerierte ich: »Ebenso wie die Empfindungen von Ihrem rechten Zeigefinger zum Ellbogen wandern können oder von Ihrem rechten Zeh zu Ihrem Knöchel, wenn Sie jetzt Ihre Aufmerksamkeit darauf richten, so können Sie ... mich wissen lassen, wann die Empfindungen von Ihrem Kopf in Ihren Hals wandern, oder sogar in Ihre Arme und Hände.« Schließlich werden die Empfindungen durch diese Aufeinanderfolge gleichmäßig über den ganzen Körper verteilt und lindern so die Kopfschmerzen.

9. Prinzip: Ohne ein Schrumpfen der Aufmerksamkeit kann es keine Trance geben, und ohne eine Trance kann das Symptom nicht aufrechterhalten werden.

Ein weiteres Beispiel ist der Patient, der behauptete, er kenne nur emotionalen Schmerz in seinem Leben, und der konzentriere sich auf seinen Magen.

Ich schlug vor, er solle sich eine angenehme Empfindung in seiner Hand oder in seinem Fuß vorstellen. Er nickte. »Und eine schmerzliche Empfindung in einem anderen Teil Ihres Körpers.« Er nickte. »Und noch eine angenehme Empfindung in einem anderen Teil.« Er nickte. »Und wieder eine angenehme in einem anderen Teil.« Mit der Zeit bot ich ihm gegensätzliche bzw. wünschenswerte Empfindungen an und weitete so seine Aufmerksamkeit aus. Dadurch erfuhr er sich selbst auf vielfältige Weise. Um seine Erfahrung zu vergrößern – nachdem die angenehmen und die unangenehmen Empfindungen ausgeglichen bzw. gleichmäßig waren –, schlug ich ihm vor, die Empfindungen als sich bewegend wahrzunehmen. Sie bewegten sich ineinander, verschmolzen und schufen eine Integration beider Empfindungen. Diese Integration von angenehmen und unangenehmen Erfahrungen führten zu einer dritten Empfindungserfahrung, die zuvor nicht zur Verfügung stand.

Der nächste Schritt: Mit der Wahrnehmungsverzerrung umgehen

1. Beschleunigen Sie die Empfindungen bzw. verlangsamen Sie sie. Weiten Sie die Zwischenräume zwischen zwei Empfindungen aus bzw. ziehen Sie sie zusammen.
2. Differenzieren Sie die Schmerzempfindungen, indem Sie an verschiedene Empfindungen wie scharf, heiß, hell usw. denken.

3. Suggerieren Sie eine gleichmäßige Zerstreuung der Empfindungen (Energie) auf den ganzen Körper.
4. Suggerieren Sie sich selbst eine angenehme Empfindung in einem sicheren Bereich und eine unangenehme Empfindung in einem anderen Bereich.

Die Wahrnehmungsverzerrung des inneren Kindes befragen

1. Stellen Sie fest, an welcher Stelle Ihres Körpers das innere Kind lebt – das Kind, das die Trance der Wahrnehmungsverzerrung hat.
2. Kommen Sie mit dem inneren Kind ins Gespräch, und stellen Sie die folgenden Fragen. Schreiben Sie alle Antworten auf, die auftauchen.
   a. Was bist du (das innere Kind) bereit zu fühlen?
   b. Was bist du (das innere Kind) nicht bereit zu fühlen?
   c. Was bist du (das innere Kind) bereit zu erfahren?
   d. Was bist du (das innere Kind) nicht bereit zu erfahren?
   e. Was hast du (das innere Kind) dich entschlossen zu fühlen?
   f. Was hast du (das innere Kind) dich entschlossen, nicht zu fühlen?
   g. Was bist du (das innere Kind) bereit zu empfinden?
   h. Was bist du (das innere Kind) nicht bereit zu empfinden?
   i. Vor welchen Vorfällen oder Traumata schützt dich (das innere Kind) die Taubheit?

Schreiben Sie Ihre Antworten zu jedem Punkt auf.

Schlußfolgerung

Die Wahrnehmungsverzerrung, das Verlangsamen bzw. Beschleunigen von Empfindungen, ist ein kreativer Akt des Beobachters. Sobald man die Wahrnehmungsverzerrung als das erkennt, was sie ist, – ohne Urteile, Etiketten oder Bewertungen – kann der Beobachter seine kreative Funktion einnehmen, die er dem inneren

Kind überlassen hat. Das innere Kind hatte die Empfindungen *automatisch* zusammengezogen bzw. ausgedehnt. Nun kann der Beobachter die kreative Seite wieder in Besitz nehmen und in der Gegenwart leben. Wenn man herausfindet, welches Trauma im Kind die Wahrnehmungsverzerrung (Taubheit) verursachte, kann man die psychische Energie, die die Erinnerung (das Trauma) aufrechterhält, freisetzen und außerdem die dazugehörigen eingefrorenen Empfindungen.

14

Spiritualisieren

Jetzt, da ich dir gezeigt habe, was ich durchmachen mußte,
Glaube keinem, der dir sagt, zu was du fähig bist.

Jesus wird nicht vom Himmel herabsteigen,
Jetzt, da ich das herausgefunden habe, weiß ich,
daß ich weinen kann.
Ich ... ich habe es herausgefunden.
Ich ... ich habe es herausgefunden.

Der alte Hare Krishna bringt dir gar nichts,
Er macht dich nur verrückt ... und gibt dir nichts zu tun.
Er verspricht dir bloß das Blaue vom Himmel.
Kein Guru kann die Welt durch deine Augen sehen.
Ich ... ich habe es herausgefunden.
Ich ... ich habe das herausgefunden ...

I Found Out, John Lennon

Einleitung

Bevor ich über das Spiritualisieren und seine Auswirkungen spreche, will ich einige Punkte besonders hervorheben.

Erstens: Unsere automatischen Trancezustände verhindern eine wirkliche Vereinigung mit der zugrundeliegenden Einheit. Zweitens: Dieses Kapitel will uns alle von der Vergangenheit und von regressiven Sichtweisen befreien, die unserer Erfahrung dieser zugrundeliegenden Einheit im Weg stehen. Drittens: Uns erwartet eine ununterbrochene Bewußtheit, die nicht begrenzt wird durch Erinnerung, Verzerrung, Widerstand gegenüber Chaos oder – in einem Wort – Trancezustände. Mit dieser reinen, ununterbrochenen Bewußtheit, ohne vorige automatische Trancezustände, werden die natürlichen Verbindungen untereinander sowie die Einheit verfügbar. Diese natürliche Einheit, die »Quantenbewußtsein« genannt wird, ist meiner Meinung nach eine natürliche Spiritualität. Eine Spiritualität, bei der wir die Freiheit haben, getrennt zu sein, und bei der wir frei sind, uns in freier Entscheidung mit allem verbunden zu fühlen, anstatt uns automatisch abgetrennt oder verschmolzen zu fühlen. Gerade die Verschmelzung wird fälschlicherweise häufig mit Einheit verwechselt.

Auf meinen Reisen und bei der Ausbildung in meinen Workshops werde ich oft gefragt: »Was macht bei dieser Arbeit einen guten Patienten bzw. einen guten Therapeuten aus?« Meine Antwort ist immer dieselbe: 1. die Bereitschaft, dem ins Gesicht zu sehen und die Stirn zu bieten, was immer diesem Bewußtsein der Einheit im Wege steht; 2. die Bereitschaft, Glaubensstrukturen loszulassen, gleichgültig wie »bequem« sie sind, und 3. das Bewußtsein, das ich das »Lösungsmittel für den Leim der Trancezustände« genannt habe, die trancebeendende Zutat.

Das ist die Einstellung des Kriegers, die Einstellung, aufgerufen zu sein, sich Vorstellungen bewußt zu machen, ihnen die Stirn zu bieten und sie auch loszulassen, von denen viele niemals für Vorstellungen, sondern für *Wahrheiten* gehalten werden.

Ich möchte Ihnen das verdeutlichen. Dazu werde ich eine Geschichte erzählen, die mir ungefähr im Jahr 1979 in Indien zugestoßen ist. Ich besuchte meinen Lehrer Nisargadatta Maharaj. Er fragte mich: »Kennst du dich?« Ich erwiderte: »Ich fühle viel Liebe und Segen, und ich kann die Energie sogar sehen.« Er fauchte mich an: »Es interessiert mich nicht, ob du *zufrieden* oder *in Frieden* mit deinem spirituellen Leben bist. Kennst du dich?« Ich sagte: »Nein.« Darauf er: »Dann halt den Mund.« Zwei Jahre später lernte ich zu schätzen, was er mir auf so dramatische Weise verdeutlichte. Sie müssen nicht *in Frieden* mit Ihrem *spirituellen Spiel* sein, vielmehr müssen Sie Ihren spirituellen Überzeugungen und den spirituellen Strukturen Ihres Geistes die Stirn bieten und sie auseinandernehmen, um herauszufinden, *wer Sie sind*. Wir wollen das im Hinterkopf behalten und gleichzeitig umsetzen: Lassen Sie uns dafür die Trance des Spiritualisierens erforschen.

Spiritualisieren

Einer der intensivsten und komplexesten Trancezustände des inneren Kindes ist das »Spiritualisieren«. Die Trance der Spiritualisierung entwickelt sich im Kleinkind und durchläuft mehrere normale Entwicklungsphasen. In diesem Kapitel werden die Vorgänge dieser Entwicklungsphasen erforscht, und es wird aufgezeigt, wie sie das Kind zu der Trance führen, die ich Spiritualisieren nenne. Ich unterscheide drei Entwicklungsphasen und nenne sie die Vorgänge der ersten, zweiten und dritten Ebene.

Die erste Ebene beginnt, wenn das Kleinkind glaubt, es erschaffe die Handlungen seiner Eltern – in der Psychologie im allgemeinen »magisches Denken« genannt. Auf der zweiten Ebene idealisiert das Kind die Eltern. In der dritten Phase macht das Kleinkind seine Eltern zu Göttern und Göttinnen. Das Spiritualisieren ist die dritte dieser Ebenen.

Wenn Sie verstehen wollen, was ich mit Spiritualisieren meine, müssen Sie zuerst begreifen, was man in der Psychotherapie traditionell unter primären und sekundären Prozessen versteht. Lassen Sie uns ein Kleinkind zur Zeit der Geburt und in den ersten sieben Entwicklungsjahren betrachten.

Prozesse der ersten Ebene

Die Prozesse der ersten Ebene drehen sich um grundlegende Erkenntnisse und Einsichten, die das Kleinkind innerlich entwickelt und später auf die Welt verallgemeinert. Kognitive Trancestrukturen bringen dem Kleinkind Einsichten bei der Entwicklung der Identität des inneren Kindes. Dieses Verständnis der Trance überträgt sich auf die Art und Weise, wie das Kind sich selbst, seine Eltern, Gott und das Wirken des Universums sieht.

Ich führe diesen Entwicklungsprozeß vom Kleinkind zum Kind hier auf, damit wir die grundlegenden Annahmen, die wir über das Leben haben, in Frage stellen können und sie als *reine Annahmen* erkennen können. Wenn wir unsere Sicht der Welt in Frage stellen – oder soll ich sagen: die Sicht der Welt des Kleinkindes bzw. der Identität des Kindes, die das Fenster ist, durch das wir gewohnheitsmäßig schauen –, so befähigt uns das, altersregressive Begrenzungen aufzulösen und uns dem reinen Bewußtsein des Beobachters anzunähern, unbeeinflußt von unseren persönlichen Trancezuständen.

Wenn beispielsweise ein kleines Mädchen glaubt, es würde immer behütet und umsorgt werden, folgt Frustration, wenn das Kind in der Erwachsenen die Erwachsene zu der Ansicht hypnotisiert, sie hätte einen Anspruch darauf, daß man sich um sie kümmert. Die Annahme »Man soll sich um mich kümmern« verkleinert die persönliche Verantwortung und Macht. Wenn Erwachsene heranreifen, können sie politisch konservativ werden und die Meinung vertreten: »Die Reichen und Mächtigen werden sich um den Rest von uns kümmern.« Das Problem ist, daß die Reichen und Mächtigen sich um sich selbst kümmern und so in unserem inneren Kind das Gefühl hervorrufen, ein Opfer zu sein. Die Überzeugung, daß die Reichen und Mächtigen Geld auf uns »regnen« lassen werden, ist eine Trance des inneren Kindes und eine Verschmelzung mit Mutter und Vater. Das hält den Erwachsenen der Gegenwart davon ab, sich machtvoll zu fühlen.

Drei grundlegende Prozesse der ersten Ebene

1. *»Ich habe es erschaffen«*: Diese Trance steht in Beziehung mit den Überzeugungen, die das Kleinkind entwickelt, wenn es auf die Welt kommt, die Augen öffnet und Mutter, Vater, die Hebamme, die Ärzte, usw. sieht. Was denkt es dann? – »Ich habe Mutter und Vater erschaffen.« Das Kleinkind glaubt das, und diese Überzeugung wird ins Erwachsenenalter hinübergetragen. Die Folgen, wie wir später sehen werden, bestimmen die Entwicklung der Selbstsicht, der Weltsicht und die Übernahme einer spirituellen Philosophie.

2. *Infantiler Größenwahn*: Das Baby friert, und Mutter oder Vater decken es zu. Dann hat das Baby Hunger, und Mutter oder Vater füttern es. Dann fühlt das Baby: »Ich will hochgenommen werden.« Jemand kommt und nimmt das Baby hoch. Was denkt das

Baby? – »Ich habe sie geschaffen, damit sie sich um mich kümmern.«

Diese beiden Prozesse der ersten Entwicklungsebene werden häufig »magisches Denken« genannt: »Ich erschuf sie, damit sie kommen und mich hochheben, meine Gedanken erschaffen sie, bzw. meine Gedanken lassen andere reagieren.« Das ist Größenwahn, weil es dem Kleinkind scheint, als ob seine Gedanken so mächtig seien, daß sie eine externe Wirklichkeit erschaffen bzw. hervorbringen.

Problemzustand des Erwachsenen: Zwanghaftes Denken – Wenn Mutter oder Vater nicht kommen und die Wünsche oder Bedürfnisse des Kleinkindes erfüllen, denkt das Kleinkind etwas Neues. Manchmal glaubt ein Kind, wenn es *stärker nachdenkt, mehr nachdenkt oder visualisiert, wie jemand kommt, dann wird das auch geschehen.* Hier besteht die Illusion darin, daß es Mutter und Vater durch seine Gedanken kontrollieren wird. Zwanghaftes Denken hat mit Kontrolle zu tun und ähnelt dem *magischen Denken.* »Wenn ich intensiv genug darüber nachdenke, wird es geschehen.« Vor kurzem sind einige New-Age-Denker über die offensichtliche Diskrepanz zwischen Denken und letztendlichem Ergebnis gestolpert und wollen diesen Konflikt nun mit der Behauptung lösen, es gäbe andere Gedanken oder Gegen-Absichten, die die Verwirklichung des ersten Gedankens verhindern. Das führt zu einer New-Age-Philosophie, die verlangt, alle Gedanken oder Überzeugungen loszulassen, die dem im Wege stehen, was Sie verwirklichen wollen. Die nicht hinterfragte Annahme, die dem Ganzen zugrunde liegt, ist: *Gedanken erschaffen Wirklichkeit.* Wir werden das später ausführen.

Problemzustand des Erwachsenen: Der Versuch, andere durch Gedanken zu kontrollieren; die Vorstellung, man könne das Verhalten anderer Menschen durch Gedanken oder bestimmte Handlungsweise kontrollieren.

Problemzustand des Erwachsenen: Selbstschuldzuweisung – »Es muß mein Fehler sein, daß es nicht funktioniert hat.« »Es ist meine

Schuld, wenn mich jemand nicht mag.« Beide Strategien vermitteln dem Betroffenen die Illusion, er könne das Verhalten anderer kontrollieren, selbst wenn diese Strategien kontraproduktiv bzw. selbstzerstörerisch sind.

3. Außer »Ich habe es erschaffen« und *Größenwahn/Selbstüberschätzung* gibt es noch einen weiteren Vorgang der ersten Ebene: die Verstärkung. In dieser Phase werden die grundlegenden Glaubensstrukturen des Kleinkindes durch die Umwelt verstärkt, so daß das Kleinkind zu der Überzeugung gelangt, seine ursprüngliche Sicht der Welt sei korrekt. Das geschieht immer dann, wenn eine dysfunktionale Familie eine Verhaltensweise – wie Lächeln oder Passiv-Sein – verstärkt. Die Familie reagiert auf das Kind, wenn es nichts braucht. Die Eltern scheinen glücklich. Das Kind beschließt bzw. denkt, Lächeln – und nicht Wut oder aktives Tun – habe die Erfüllung seiner Bedürfnisse zur Folge.

Problemzustand des Erwachsenen: »Ich erschaffe, was andere von mir halten« oder die Variante »Ich bin verantwortlich dafür, was andere von mir denken bzw. halten«. – Das fängt schon früh an, und die *Selbstüberschätzung* bzw. das *magische Denken* werden von Mutter und Vater durch Bemerkungen wie »Du machst mich wütend« verstärkt. Das Kind glaubt an das Verhalten und das verbale Feedback und hängt weiter der Illusion an, es würde die Gedanken und Interaktionen anderer Menschen erschaffen.

Problemzustand des Erwachsenen: Übergroßes Verantwortungsgefühl – »Ich bin für die Erfahrungen anderer verantwortlich, und ich bin verantwortlich dafür, was die Menschen über mich denken bzw. von mir halten.«

Problemzustand des Erwachsenen: Verlust der Grenzen – »Es muß an etwas liegen, was ich getan habe, deswegen können sie mich nicht leiden.« Diese *infantile Trance* basiert auf der vorsprachlichen Annahme, daß zwei Menschen verschmolzen sind. Das Kleinkind sieht beispielsweise sich selbst und seine Mutter als eine Person. Jahre später, wenn der Partner in der Beziehung allein sein will, taucht die infantile Trance auf und führt bei dem Erwachsenen zu Verwirrung und möglicherweise auch zu der Furcht vor einer Trennung.

Das Spiritualisieren ist eine neue Möglichkeit, das Verteidigungssystem zu betrachten, das Jahre später eintritt, wenn das Kleinkind sich davor schützt, allein zu sein.

Problemzustand des Erwachsenen: Verlust der eigenen Identität; Selbstaufgabe, um Liebe zu erhalten – Häufig geben Kinder ihre Macht, ihre Vorstellungen, usw. auf, um von ihren Eltern geliebt zu werden. Das Kind glaubt: »Ich kontrolliere sie (die Eltern), indem ich meine Gefühle kontrolliere. Wenn ich meine Gefühle kontrollieren kann, kann ich auch ihre Gefühle kontrollieren. Ich habe das Steuer in der Hand.« Stellen Sie sich ein Kind vor, das wütend wird, und als Folge dessen werden auch die Eltern wütend, um das Kind zu kontrollieren. Das Kind kontrolliert und unterdrückt seinen Ärger. Die Eltern lächeln und umarmen es. Aus Sicht des Kindes kann es durch eine Kontrolle seines Verhaltens die Verhaltensweise anderer kontrollieren und auch, was andere von ihm halten. Das ist sein Widerstand gegen die Schwachheit bzw. die Machtlosigkeit. Die *Selbstüberschätzung* wehrt sich gegen das wahrgenommene Chaos der Machtlosigkeit im Erleben des Kindes. Das Kind kann seine Machtlosigkeit nicht anerkennen, also gewinnt es einen Zustand der Macht wieder: Es denkt, es sei verantwortlich dafür, was andere von ihm halten. »Wenn ich meine Gedanken, Gefühle und Taten kontrolliere, kann ich *ihre* Reaktionen, Gedanken oder Gefühle für mich kontrollieren.«

Inzestüberlebende denken häufig: »Ich ließ es geschehen«, »Wenn ich verführerisch bin, wird es geschehen; wenn ich das nicht bin, wird nichts geschehen. Ich habe es in der Hand, ihn/sie zu erregen« oder »Ich bin etwas Besonderes, weil ich so machtvoll bin«. All diese »Erkenntnisse« wehren sich gegen die Machtlosigkeit der Situation. Das Kind will Chaos und Schmerz vermeiden und fällt in eine Trance, bei der es sich mächtig und kraftvoll fühlt, anstatt anzuerkennen, daß es machtlos war und der Täter in der Situation die Kontrolle hatte. Diese Erkenntnis schützt das Kind davor, von den Gefühlen der Machtlosigkeit, der Hilflosigkeit und der Aufopferung erdrückt zu werden.

Problemzustand des Erwachsenen: Erstarrung (Rigidität) – Hier hypnotisiert das innere Kind den Erwachsenen zur Kontrolle seiner Gefühle, Gedanken und Ausdrucksweisen als Möglichkeit, geliebt zu werden. Häufig versucht das Kind im Erwachsenen, die Gefühle, Gedanken oder Ausdrucksweisen aller anderen zu kontrollieren. Seine emotionale Erstarrung hält es davon ab, seine Verletzlichkeit und sein Bedürfnis nach Liebe zu spüren. Die Erstarrung läßt es glauben, es könne ohne Liebe leben oder könne anderen seine Liebe entziehen, um sie zu kontrollieren.

Das sich entwickelnde Kleinkind verstärkt seine Erkenntnisse, Überzeugungen und Strategien in dem Versuch, seine Welt zu organisieren. Einfacher gesagt: Wenn das Kind seine dysfunktionale Situation ansieht, setzt es Überlebensstrategien ein, um sich selbst vor der Angst der Auslöschung zu schützen.

Prozesse der zweiten Ebene

Die zweite Entwicklungsebene ist: »Idealisieren«. Das sich entwickelnde Kind erschafft seine Eltern als Ideale, um dem Terror des Todes, des Chaos oder der Auslöschung zu entgehen. Ein Beispiel: In einem Haushalt, in dem ein Elternteil oder gar beide dysfunktional sind, hat das Kind nicht die Stärke, dem Chaos durch Vernachlässigung oder Mißbrauch, das es als möglichen Tod empfindet, die Stirn zu bieten. Der *Beobachter* läßt das Kind in eine Trance fallen, damit es nicht fühlt, nicht sieht oder nicht erkennt, wie sich die Situation darstellt. Der *Beobachter* erschafft im Kind eine Idealisierung der Eltern und läßt sie vollkommen werden. Das hilft dem Kind, sich gegen das Chaos, das durch die Erkenntnis der Dysfunktionalität seiner Eltern entstehen würde, zu wehren und bietet ihm eine Strategie zur Bewältigung seines eigenen inneren Chaos. Die Erkenntnis der Dysfunktionalität seiner Eltern wäre zu schrecklich, also scheint die Idealisierung der einzig vernünftige Ausweg.

Problemzustand des Erwachsenen: In seinen Beziehungen idealisiert das Kind im Erwachsenen Jahre später den Partner. Das bewahrt den Erwachsenen der Gegenwart davor, seinen Partner in der Gegenwart wahrzunehmen. Manchmal idealisiert das innere Kind bis zu einem Maße, wo es nur das *mögliche oder imaginäre Ideal* eines Partners sieht bzw. sich in dieses Ideal verliebt.

Mit anderen Worten: Das Kind im Erwachsenen setzt die Trance, die schon bei den Eltern funktionierte, auch beim Partner ein. Es bedient sich dabei Illusionen, Phantasien oder Abblockmethoden. Der Erwachsene der Gegenwart hat leider das Pech, daß er sich dieser Trancezustände nicht bewußt ist, denn der Beobachter schläft tief und fest. In einem anderen Szenario macht das Kind im Erwachsenen seinen Partner zu einem Ideal, indem »es ihn aufbaut«, ihm gute Gefühle über sich selbst vermittelt. In diesem Fall glaubt das innere Kind: »Wenn ich dich aufbaue, wirst du dich um mich kümmern.« Der Wunsch, umsorgt zu werden, ist ganz normal. In einer dysfunktionalen Familie führt dieser Wunsch allerdings zu Verzweiflung, denn Liebe und Fürsorge stehen nicht zur Verfügung.

Problemzustand des Erwachsenen: Andere Menschen werden idealisiert, dafür wird die eigene Identität herabgesetzt. In diesem Fall gibt das idealisierende innere Kind seine eigene Macht auf oder – schlimmer noch – gibt vor, es hätte gar keine Macht. Diese kindliche Haltung verleiht anderen Macht und beansprucht keine Macht für sich selbst.

Frauen und Macht

... *wir beleidigen sie tagtäglich im Fernsehen*
... *und fragen uns dann, warum sie keinen Mumm in den Knochen haben*
... *solange sie klein sind, brechen wir ihren Willen nach Freiheit*

... indem wir ihnen sagen, es stünde ihnen nicht zu, klug zu sein. Dann machen wir sie nieder, weil sie strohdumm sind.

»Frauen sind die Nigger dieser Welt«
John Lennon
(inspiriert durch Yoko Ono)

In unserer männlich dominierten Gesellschaft stellt sich das kleine Mädchen in der Frau häufig »dumm« oder versteckt seine Macht. Das kleine Mädchen weiß, wie zerbrechlich das Ego des Mannes ist, also baut sie es als Ideal auf. Dadurch fühlt sie sich sicherer und er auch. Diese Trance hält ihre Beziehung aufrecht, aber sie zahlt einen hohen Preis dafür: Sie versteckt ihre eigene Macht und Klugheit. In vielen Fällen gibt sie vor, sie sei nicht so schlau wie er. Bisweilen geht das so weit, daß sie vergißt, daß sie nur vorgibt. Oft lehren Mütter ihre Töchtern, nicht mächtig zu sein. Da das in unserer Gesellschaft gelebt und verstärkt wird, versteckt das innere Kind in der Frau seine Macht. In jedem meiner Workshops kommen die Frauen stets auf das Problem der unterdrückten Macht zu sprechen. Interessanterweise haben sie das häufig von ihrer Mutter gelernt, und ihre Mütter sind auch die Vorbilder für die Unterdrückung der eigenen Macht. Ein Beispiel vor nicht langer Zeit ist das amerikanische *Equal Rights Amendment* (ERA). Dieses Gesetz garantierte Frauen die gleichen Rechte. Erstaunlicherweise hatte das kleine Mädchen in den erwachsenen Frauen seine Lektion, Macht zu verstecken, so gut gelernt und hatte so lange Zeit vorgegeben, weniger zu sein als ein Mann, daß es vergessen hatte, daß es nur so tut, als ob. Darum zeigen viele *konservative* Frauen ihre Altersregression darin, daß sie gegen ihre eigene Gleichberechtigung sind!

Problemzustand des Erwachsenen: Das nächste größere Problem entsteht, wenn der Partner der Idealisierung nicht gerecht wird und dies zu Frustrationen führt. Wenn man versucht, seinen Partner dem eigenen Ideal anzupassen, eskaliert die Frustration, da kein Mensch dem inneren Ideal eines anderen Menschen entsprechen kann. Diese Trance der Idealisierung bewahrt den Betroffenen davor, sich *jetzt* mit seiner Realität und seiner Beziehung auseinanderzusetzen.

In diesen Situationen treten zwei Trancezustände auf:

1. Das Kind idealisiert Mutter und Vater, um zu überleben.
2. Das Kind im Erwachsenen verallgemeinert diese Strategie auf seinen Partner. Es hat die Illusion, der Partner sei etwas, was er nicht ist, und setzt so die Trance der Kindheit fort.

Bei diesen beiden Trancezuständen schützt sich das innere Kind vor dem, was dieser Mensch wirklich ist und *trance*-feriert seine Verteidigung auf seinen Partner, macht ihn zu einem Idol. Auf diese Weise schützt es die alte Wirklichkeit und vermeidet die neue Wirklichkeit.

In den meisten Fällen ist die Trance der Idealisierung eine machtvolle Verteidigung, mit deren Hilfe das Kind überleben kann. Die Trance der Idealisierung befähigt das Kind, den Schmerz in seiner dysfunktionalen Familie nicht zu fühlen, sehen oder gar zu erkennen.

Spiritualisierung: Die Prozesse der dritten Ebene

Die Trance der dritten Ebene ist die Spiritualisierung. Hier wächst man aus der ersten und zweiten Ebene heraus. Um spiritualisieren zu können, muß man zuvor die ersten beiden Ebenen durchlaufen sein. Die Spiritualisierung reicht sehr tief und ist verwurzelt in vorsprachlicher Erkenntnis. Bei ihr dreht sich alles ums Überleben. Die Spiritualisierung kann nur schwer in sich selbst festgestellt werden, da Bücher, philosophische Richtungen und »spirituelle Gruppen« dazu beitragen, diese Trance zu bekräftigen, und das Kleinkind im Erwachsenen weiterhin hypnotisieren. Man muß sehen, daß nicht jeder die Trance der Spiritualisierung durchläuft. Wenn der einzelne diese Entwicklungsschritte nicht abgeschlossen hat und den ersten und zweiten Prozeß nur unvollständig durchläuft, stolpert er in den dritten Prozeß der Spiritualisierung. Ich will das näher erklären: Die meisten Kinder idealisieren ihre Eltern. Schließlich erkennen sie, daß die eigenen Eltern auch nur Menschen sind mit guten und schlechten Eigenschaften. Das beendet den zweiten Prozeß der Idealisierung, und höchstwahrscheinlich fällt man danach nicht mehr in die Trance der Spiritualisierung. Wenn das Kleinkind im Erwachsenen jedoch immer noch diese entwicklungsmäßige Lücke aufweist, seine Entwicklung somit aufgehalten wird und es andere weiterhin idealisiert – wird es in den dritten Prozeß der Spiritualisierung, die ÜBER-IDEALISIERUNG, eintreten.

Es folgen die Typen, Problem- und Trancezustände der Spiritualisierung:

Die Trance des Kleinkindes

Auf der dritten Ebene der Spiritualisierung wird der Erwachsene vom magischen Denken des Kleinkindes hypnotisiert. Das ist eine notwendige Erkenntnis für Menschen, die sich mit Magie beschäftigen und denken, sie könnten andere erschaffen oder beeinflussen. In meinen Workshops werde ich hin und wieder gefragt: »Sind Sie denn nicht der Ansicht, daß Gedanken Wirklichkeit erschaffen?« Um dieser Ebene des magischen Denkens oder der Selbstüberschätzung, die in einer spirituellen Weltanschauung verkleidet ist, zu begegnen, frage ich die Gruppe: »Mit wie vielen Menschen haben Sie in Gedanken schon geschlafen?« Ich lasse sie darüber nachdenken. »So, und mit wie vielen Menschen haben Sie tatsächlich geschlafen? Achten Sie auf die Diskrepanz. Wenn Gedanken Wirklichkeit erschaffen, dann sind sie aber ein ärmliches Mittel der Schöpfung.«

Transpersonale *Trance*-ferenz

Transpersonale *Trance*-ferenz ist ein Prozeß, bei dem sich ein Kleinkind die Eltern als Götter vorstellt. Das Kleinkind glaubt, seine Eltern seien allmächtig, alliebend, allwissend und allgütig. Das wird von Eltern verstärkt, die suggerieren, daß dem wirklich so ist. Ein kleines Mädchens muß beispielsweise Vaters Spiele spielen, um zu überleben. Um den Schmerz der Selbstaufgabe zum Zweck des Überlebens nicht zu spüren, erschafft die *Beobachterin* die Vorstellung im Kleinkind, daß der Vater eine gottähnliche Gestalt ist.

Ein mögliches Ergebnis ist Jahre später, daß das Kleinkind in der Erwachsenen sich von einer »spirituellen Gruppe« angezogen fühlt und ihr beitritt. Diese Gruppe hat eine Philosophie und bestimmte Regeln, um Gottes Liebe zu bekommen (bei der es sich in Wirklichkeit um die Liebe von Mutter und Vater handelt). Oder sie hat Regeln, wie man in den Himmel kommt, Gnade empfängt, frei wird, gesegnet ist usw. Das Kleinkind in der Erwachsenen wird von dem vertrauten Spiel der Familie angezogen. Einfacher gesagt, das innere Kleinkind fühlt sich von spirituellen Gruppen und weltanschaulichen Richtungen, die ihre eigene Familie widerspiegeln, in starkem Maße angezogen. Die Anziehungskraft solcher Gruppen, Gemeinschaften oder weltanschaulichen Richtungen liegt darin, daß sie Nachbildungen der Familie aus der Vergangenheit sind. Das ist der Prozeß der Spiritualisierung.

Der *Trance*-fer der Eltern über idealisierte Eltern hin zu Göttern, die Gnade gewähren, indem sie belohnen oder bestrafen, wenn das Kind aus der Gnade des elterlichen/göttlichen Weges fällt, ist ein Prozeß, den das Kind häufig durchläuft. Aus Sicht des Kleinkindes kam das Kind durch die Macht der Eltern/Gottes auf die Welt. Warum? Weil für das Kleinkind das ganze Universum, Leben und Tod, von den Eltern/von Gott abhängen. Das Kleinkind/Kind bleibt im Erwachsenen eingefroren, der »die Antwort« sucht oder Möglichkeiten sucht , in den Himmel zu kommen bzw. Frieden oder Befreiung zu erlangen. Häufig wird das auf einen Lehrer oder Führer *trance*-feriert, der die Antwort auf die Frage »Wie erlange ich Freiheit?« gibt. Transpersonale *Trance*-ferenz auf einen Führer oder Lehrer, der ähnlich wie Eltern die Antworten hat, läuft parallel hierzu. So suchen beispielsweise viele der Patienten, mit denen ich gearbeitet habe, nach dem Sinn oder der Bedeutung des Lebens, suchen bei einem Lehrer nach dem anderen diesen »höheren Sinn«. Das Problem ist, daß das innere Kleinkind/Kind den Laden schmeißt. Das Kleinkind/Kind im Erwachsenen ist derjenige, der sucht. Das ist eine überaus regressive und vorsprachliche Trance, die es erfordert, im anderen Macht, Liebe oder Erleuchtung zu suchen, anstatt *in sich selbst*. Dieser Zustand ist ehern, denn er wurde vorsprachlich von einem Kleinkind geformt, das im anderen das Geheimnis des Überlebens suchen mußte. Die Eltern bestimmen die grundlegendsten Fragen von Leben und Tod des Kindes: die Erhaltung des Körpers und das höchste Wohlbefinden. Unglücklicherweise bleibt dieser infantile Zustand bei vielen noch lange, nachdem er entwicklungsmäßig seinen Zweck erfüllt hat, eingefroren.

Problemzustand des Erwachsenen: Menschen werden superidealisiert: Sie werden zu Göttern – »Wenn ich tue, was sie sagen, werde ich nicht bestraft (komme nicht vom Weg ab) und erreiche das Nirvana, komme in den Himmel usw.« Mein Nirvana war ein Haus, ein Job und Kinder. Das war der Weg meines Vaters zum Nirvana. Super-Idealisierung ist der *Trance*-fer von gottähnlichen Eigenschaften auf Menschen. Man macht diese Menschen zu Gurus und bittet sie um Hilfe, als ob sie die Macht hätten, Ihre Wünsche zu erfüllen oder Ihre Träume zu erfüllen. Das *magische Denken* der ersten Entwicklungsebene wird auf einen Menschen *trance*-feriert, »als ob« seine Gedanken die Kraft hätten, Sie aufzuwecken. Das Kind transferiert seinen infantilen Größenwahn auf einen Menschen und macht ihn, wie damals seine Eltern, zu einem Heiligen, Guru, etc. Dieser infantile Zustand wird durch philosophische Schulen wie das Guru-System des Hinduismus oder die römisch-katholische Kirche des Papstes, d.h. dem Mittler zwischen den Menschen und Gott, verstärkt. Diese Trance erschafft religiöse Systeme und Dutzende von gelehrten Büchern, die *die Wahrheit des Systems verstärken.*

> **Gebot der Spiritualisierung:** Tue anderen, was du dir selbst bezüglich deiner Eltern angetan hast, um zu überleben. Mit anderen Worten – mache die Menschen zu Göttern.

Auf ein System *trance*-ferieren

Bei dieser kleinkindlichen/kindlichen Trance der Spiritualisierung transferiert ein Kleinkind/Kind die Idealisierung der Vergangenheit auf ein spirituelles System. In spirituellen Systemen stülpt das Kleinkind/Kind im Erwachsenen sein System auf die Welt. Das macht die Welt zu einem »Spiel Gottes« (einem Spiel von Mutter/Vater) oder einer Möglichkeit, Lektionen zu lernen (Mutters und Vaters Lektionen). Das Kind innerhalb des Systems gibt seine Macht an eine »höhere Macht« ab. Die *Tautologie* dabei ist, daß der Erwachsene sich nur auf das innere Kind bezieht, seine Welt auf die verwirrte Welt von Mutter und Vater transferiert und diese dann spirituell macht. Das bietet dem Erwachsenen, der währenddessen vom Kleinkind/Kind hypnotisiert wird, keine Feedbackschleife zur Welt.

Auf dieselbe Weise stehen religiöse Systeme nur mit sich selbst in Beziehung und haben kein Feedback von der Welt. Das religiöse System wird zur *Tautologie*, weil es niemals außerhalb seiner selbst nach Antworten sucht; es sieht nur sich selbst bzw. sucht nur innerhalb seines Systems nach Antworten. Wenn das System keine Antwort finden kann – oder soll ich sagen, wenn Mutter/Vater keine Antwort haben –, setzt das Kind bzw. das System die Über-Spiritualisierung ein, wie beispielsweise: »Gottes Wirken ist geheimnisvoll.« Die Eltern, die zu Göttern gemacht wurden, handeln *tatsächlich* geheimnisvoll, besonders, wenn sie Alkoholiker sind. Das gleicht der Rationalisierung des Kindes im Erwachsenen, wenn Lehrer oder Gurus »sich verrückt benehmen«. Einige Systeme nennen das sogar »verrückte Weisheit«. Das hält das religiöse oder spirituelle System, bei dem es sich in Wirklichkeit um die Familie handelt, am Leben. Diese Weltanschauung zeigt sich in dem Buch *Das Peter Prinzip**. Peters zweites Prinzip »Die Hierarchie muß um jeden Preis erhalten werden« ähnelt der spirituellen Hierarchie sowie der Familienhierarchie, die sich selbst um jeden Preis erhalten muß. Beispiel: Sehen Sie sich an, welche Anstrengungen die katholische Kirche unternommen hat, um *ihre Hierarchie zu erhalten*, sogar angesichts des sexuellen Mißbrauchs von Kindern!

Problemzustand des Erwachsenen: Transparenz – Problemzustände treten auch weiter auf, wenn das innere Kind sein Spiritualisieren auf andere *trance*-feriert. Das Kind stellt sich beispielsweise vor, es sei durchsichtig und der idealisierte Guru/der idealisierte Elternteil könne jeden seiner Gedanken sehen und sein wahres Selbst erkennen. Dabei handelt es sich um umgekehrte Selbstüberschätzung. Hier idealisiert das Kind und *trance*-feriert grö-

* Peter, Laurence: *Das Peter-Prinzip*. Rowohlt, Reinbek bei Hamburg, 1994. (Anm. d. Ü.)

ßenwahnsinnige Kräfte auf einen anderen und macht diesen zu einem übermenschlichen Gott/Guru. Es überträgt seinen Größenwahn auf den anderen.

Trance-fer von Werten und Lektionen

Bei anderen Formen der transpersonalen Transferenz *trance*-feriert das Kind elterliche Werte auf Gott. Hier entwickelt das Kind die Trance des Transfers des guten/schlechten Systems seiner Eltern, die das Kind übernommen hat, um zu überleben, auf Gott. Nun sind gute Taten (die Vater und Mutter mögen) gleichzeitig Taten, die Gott will. Schlechte Taten will Gott nicht. Eltern bestrafen, wenn sie ihrem Kind nicht das geben, was es will. Die Eltern sagen in einem solchen Fall: »Das bekommst du nicht, um eine Lektion zu lernen.« Jahre später, wenn der Erwachsene etwas, was er im Leben will, nicht bekommt, setzt das Kleinkind/Kind im Erwachsenen spirituelle Rahmen ein, wie beispielsweise: »Gott will mir damit etwas beibringen.«

Trance-fer auf einen spirituellen Weg

Bei einer anderen Form der Trance *trance*-feriert das Kind die Lebensweise der Eltern auf einen spirituellen Weg. Das Kind bekommt einen Weg vorgeschrieben, ein Hilfsmittel, oder man sagt ihm, wie es zu einem bestimmten Endpunkt gelangt. Ein Beispiel aus einem Mittelklasse-Szenario: Der gute Junge folgt dem Weg des Vaters, besucht das College, erlangt einen akademischen Grad, heiratet, hat drei Kinder und ein Haus in einem Vorort. Durch die Augen des Kleinkindes/Kindes gesehen ist das »Das Wort Gottes«. Jahre später wird der Weg oder das »Wie« auf etwas Spirituelles verallgemeinert, das sich auf das Leben, die Erleuchtung, Befreiung oder das Wissen um Gott bezieht. Die Eltern/Götter gaben dem Kind die Botschaft: »Das ist der beste, einzige, höchste oder schnellste Weg, zu einem Haus im Vorort zu kommen« (zur Befreiung oder zu Gott). Das Kind im Erwachsenen erstarrt und wird zum Fanatiker. Eric Hoffer stellt in seinem Buch *The True Believer* fest, daß dieselbe rigide Struktur, die bei den Nazis herrsche, auch religiöse Fanatiker regiere, obwohl die Ziele andere seien.

Problemzustand des Erwachsenen: Spiritualisierung und Rationalisierung – »Wenn ich es brauche, werden meine Eltern/Gott es mir geben. Wenn ich es nicht brauche, werde ich es auch nicht bekommen.« Ich sagte einmal zu meinen Eltern: »Ich möchte ein neues Rad.« Meine Eltern antworteten: »Du brauchst kein neues Rad. Wir würden dir eines geben, wenn du es bräuchtest.« Das wird vom Kleinkind/Kind so interpretiert: »Gott mir gibt, was ich brauche«, mit der Spiritualisierung (wenn etwas, was man will, nicht kommt): »Gott wollte wohl nicht, daß ich es bekomme« oder »Ich vermute mal, ich brauche das gar nicht wirklich«. Achten Sie darauf, wie das Kleinkind/Kind im Erwachsenen spiritualisiert, Gott hätte beschlossen, es würde diese bestimmte Sache nicht benötigen. Das ist, als ob Gott sagen würde: »Gebt Stephen Geld, er braucht es« oder »Gebt ihm kein Geld, er muß erst eine Lektion lernen«.

Transpersonale Co-Abhängigkeit

Bei diesem Vorgang der dritten Ebene erfreut und dient das Kind den Eltern, damit diese es umsorgen. Psychologisch gesehen glaubt das Kind in der Frau: »Ich kümmere mich um dich (helfe dir durch die medizinische Fakultät), damit du dich um mich kümmern kannst.« Das ist die Geschichte eines Kindes, das sich selbst aufgibt und sich um seine Eltern kümmert, damit es selbst umsorgt wird. Ein Kind, das in einer Alkoholikerfamilie aufwächst, räumt die Flaschen von Vaters Saufgelage weg und denkt: Wenn ich mich um ihn kümmere, wird er für mich sorgen.

Jahre später, wenn das auf Gott *trance*-feriert wird (transpersonale Co-Abhängigkeit), wird das Kind zur Anhängerin eines Gurus. Die Philosophien stimmen überein: Wenn ich dem Guru diene, kümmert er sich um mich. Achten Sie darauf, wie häufig Gurus und religiöse Systeme die Verwundbarkeit ihrer Anhänger sexuell und emotional mißbrauchen. Dem inneren Kind in den Anhängern scheint es, daß es diene, aber in Wirklichkeit wird es vom Guru manipuliert, der in dieser Identität die Seite der Eltern spielt und die Menschen dazu bringt, sich im Namen der Spiritualität um ihn zu kümmern. Das wird dann »Dienst« genannt. Menschen in spirituellen Kreisen sagen Dinge wie: »Ich will nur Gott dienen.« Übersetzt heißt das: »Ich will mich um Mutter und Vater kümmern, damit auch ich umsorgt werde.«

Achten Sie darauf, wie die Trance der Spiritualisierung das Chaos eines Lebens in einer dysfunktionalen Familie organisiert und ihm einen höheren und dissoziierteren Sinn gibt. In dem Lied *Do You Remember* sagt John Lennon: »Erinnerst du dich an die Zeit, als du klein warst. Wie groß die Menschen zu sein schienen?« Das ist das Phänomen der höheren Macht. Das Kind muß zu den Eltern *aufsehen*, weil Kinder körperlich kleiner und weniger ausgereift sind. Achten Sie einmal darauf, wie man in den meisten Religionen zu Gott »aufsehen« muß. Das ist die Neuschöpfung des Kindes, klein zu sein und zu den Eltern aufzusehen, die jetzt »Gott« heißen. Das setzt voraus, daß Gott eine Lokation hat.* Dieses Ordnen des Chaos durch das Kind ist eine machtvolle Möglichkeit, wie es persönlichen Schmerz vermeiden und in bezug auf seine eigene Besonderheit Selbstüberschätzung üben kann.

Die Illusion des inneren Kindes besagt, daß es einem höheren Wesen dient, damit dieses »höhere Wesen« es umsorgt, indem es ihm Wissen, Liebe, usw. gibt. Das Kind ist körperlich kleiner, und für das Kind sind die Erwachsenen größer, daher schreibt es ihnen mehr Wissen zu und in vielen Fällen auch magische Kraft: Es spiritualisiert seine Eltern.

Problemzustand des Erwachsenen: Parallele spirituelle Systeme – Spirituelle Systeme entsprechen psychologischen Verzerrungen, und das innere Kind wird von spirituellen Systemen angezogen, die seine Einsichten der ersten Ebene, der zweiten Ebene und der dritten Ebene verstärken.

Problemzustand des Erwachsenen: Gott wird auf einen geliebten Menschen projiziert. »Dieser Mensch ist für mich die einzige

---

* Siehe auch Stephen Wolinsky: *Quantenbewußtsein. Das experimentelle Handbuch der Quantenpsychologie* (Verlag Alf Lüchow, Freiburg/Br.). Bells Theorem der Nicht-Lokation wird dort näher ausgeführt. (Anm. d. Autors)

Quelle der Liebe, Zuneigung, usw.« Das Kind bildet sich ein, seine Eltern seien *für alle Ewigkeit die einzige Quelle* der Liebe. Ein Kind, das nie Liebe zu sich selbst besaß, stellt sich vor, Liebe sei etwas, was einem gegeben oder genommen wird, und es selbst sei nicht die Quelle seiner eigenen Liebe. Psychologisch gesehen erkennt man leicht, wie das innere Kind, ein »Liebessüchtiger«, auf einen Menschen das Etikett »einzige Quelle der Liebe« transferiert. Spirituell gesehen werden jedoch die Eltern und Gurus die einzige Quelle der Liebe, und die Sucht des Kindes fixiert sich auf etwas außerhalb seiner selbst. Achten Sie darauf, wie in vielen spirituellen Gruppen die Liebe oder Gnade des Gurus gewonnen werden muß, um das zu bekommen, was man will (Erleuchtung oder ein Fahrrad). Das ähnelt der Beziehung des Kindes zu seinen Eltern. Diese Trance des inneren Kindes (jemanden zur Quelle seiner Liebe zu machen) stiehlt dem Erwachsenen, der jetzt glaubt, jemand anderes sei verantwortlich für seine Selbstliebe oder seine Selbstachtung, die Verantwortung. – *Sie sind für Ihre Wahrnehmung und Ihre Erfahrung der Liebe bzw. des Mangels an Liebe verantwortlich!*

Problemzustand des Erwachsenen: »Der Guru (ein Elternteil) ist verantwortlich für mein spirituelles Wachstum.« – Bei diesem Szenario hat das Kind das Gefühl (und das zu Recht), daß sowohl sein körperliches als auch sein psychologisches Wachstum von seinen Eltern abhängt. Die Eltern sind dafür verantwortlich, es zu füttern und sich auch in anderer Beziehung um ihre Kinder zu kümmern. Kinder sind verletzlich und brauchen die Fürsorge ihrer Eltern. Daher sind sie abhängig und machtlos. Wenn es sich von seinen Eltern trennt, ist das Kind »erwachsen« und übernimmt selbst die Verantwortung für sein körperliches und psychologisches Wachstum und Wohlbefinden. Wenn das Kind jedoch *fixiert* bleibt, *trance*-feriert das Kind im Erwachsenen seinen Wunsch, umsorgt zu werden, auf einen Guru/auf Gott, der dann verantwortlich für das spirituelle Wachstum des Kindes wird. In einer Gemeinschaft in Indien lautete die Lehre: »Der Guru übernimmt die Verantwortung für deine spirituelle Entfaltung.« Achten Sie darauf, wie das innere Kind im Erwachsenen sich von Weltanschauungen angezogen fühlt, die diese Trance am Leben erhalten. Wir müssen verstehen, daß sich der Weg für das innere Kind *richtig anfühlt*, denn er ist vertraut, ähnlich der Familie/der Trance des Kindes.

Problemzustand des Erwachsenen: Ablehnung der Familie bzw. der spirituellen Gruppe – In jeder spirituellen Gruppe sind mir Menschen begegnet, die mit allem abgeschlossen haben und dem Weg (dem Spiel) nicht länger folgen. Sie werden von den anderen Familienmitgliedern bzw. den Angehörigen der spirituellen Gruppe schikaniert. Wenn ein Kind das Heim einer dysfunktionalen Familie verläßt, vermitteln die Eltern und die anderen Familienangehörigen die Botschaft: »Mit diesem Jungen/Mädchen stimmt etwas nicht« oder »Er/sie macht es falsch und wird scheitern«. Hier gibt es eine interessante Parallele zu spirituellen Gruppen. Wenn ein Mitglied gehen will – er oder sie wächst über die Gruppe hinaus oder hat mit ihr abgeschlossen–, dann sagt die Gruppe: »Er/sie ist vom Weg abgekommen, hat sich nicht wirklich eingebracht, hat sich innerlich gesperrt oder muß noch weltliche Dinge verarbeiten.« Die Spiritualisierung der dysfunktionale Familie entspricht der spirituellen Gruppe.

Problemzustand des Erwachsenen: »Ich habe ein Anrecht.« – Diese Vorstellung stammt vom Kind, das (durchaus begründet) der Ansicht ist, es habe ein Anrecht darauf, umsorgt zu werden, einfach weil es ist, wer es ist. Das ist eine normale Entwicklungsphase, die – wenn sie unterbrochen wird – den Betroffenen in seiner kindlichen Ebene und seiner Überzeugung, die Welt schulde ihm den Lebensunterhalt, feststecken läßt.

Schmerz spiritualisieren

Ein weiterer Prozeß der dritten Ebene ist das Spiritualisieren von Schmerz . Bei der Trance der Spiritualisierung scheinen die zu lernenden Lektionen die übliche Erklärung für Schmerz zu sein. Als ich in einem Kloster in Indien lebte, erhielten wir oft Briefe aus dem Westen, die sinngemäß etwa besagten: »Ich lerne wirklich viel«, »Ich wachse wirklich sehr« oder »Ich habe viele Lektionen über das Leben gelernt«, und wir lachten und sagten zu uns: »Junge, Junge, die müssen wirklich leiden.« Diese Form des spirituellen Reframings ist in letzter Zeit sehr populär geworden. Einige argumentieren, der Wert von Schmerz liege darin, daß er den Menschen eine andere Perspektive ihrer Situation vermittelte. Das mag ja sein, aber die Frage von Schmerz, Chaos und der Fall des spirituellen Reframings zur Organisation von Schmerz und Chaos taucht einfach auf.

Spirituelle Trancezustände der Gesellschaft: Die Theorie vom Karma

Karma ist die asiatische Vorstellung von »Was der Mensch sät, das wird er ernten.« Überlegen Sie sich einmal, warum dieses Vorstellung in Indien entwickelt wurde und auf welche Weise sie hilft, das Chaos zu organisieren und die Ordnung in der Gesellschaft aufrechtzuerhalten. In Indien befinden sich über 99 Prozent des Reichtums in den Händen von weniger als einem Prozent der Bevölkerung. Die Karma-Theorie trägt dazu bei, den Schmerz und das Chaos der 99 Prozent zu ordnen. Außerdem müssen wir den größeren Zusammenhang von religiösen und spirituellen Systemen berücksichtigen, um ihren Versuch, das Chaos zu ordnen, richtig einzuschätzen. So hat sich beispielsweise in Indien die Karma-Theorie entwickelt (d. h. »Ich habe in diesem Leben weniger aufgrund meiner Taten in einem anderen Leben. Wenn ich in diesem Leben *gut* bin, werde ich *Güter* in künftigen Leben erhalten.«). Die Theorie vom Karma hält das Chaos der armen 99 Prozent davon ab, die reichen 1 Prozent zu stürzen. Wie sonst – außer durch den Einsatz der Spiritualisierung, von Gott und der Theorie vom Karma – könnten die Massen kontrolliert werden? Kurz gesagt: Die Theorie vom Karma ist eine spirituelle Weltanschauung, mit deren Hilfe der wirtschaftliche Ist-Zustand in Asien begründet und aufrechterhalten wird.

Spiritualisierungen der Theorie vom Karma

»Es ist mein Karma aus einem früheren Leben, das ich auszugleichen versuche, deshalb leide ich Schmerz.« (Ich habe nicht bekommen, was ich wollte.) Damit das Kind einen Weg finden kann, in einem nicht erfüllten Bedürfnis einen Sinn zu sehen, *trance*feriert es ein System, um das Unbehagen und das Chaos zu organisieren. Kinder verstehen nicht, warum ihre Bedürfnisse nicht erfüllt werden. Das wird in Asien *kulturell* und in westlichen Kulturen durch Spiritualisierung verstärkt. Es ist ein Opium, um die Frustration und das Chaos zu dämpfen, das die Leute dazu bringen könnte, ihre Rechte zu fordern und Veränderung hervorzurufen. Es folgt eine weitere Form des spiritualisierenden Schmerzes, den ich »über-*trance*-personale Spiritualisierung« nenne.

Rückblick auf die Rationalisierungen bei der über-*trance*-personalen Spiritualisierung

1. Wenn Sie nicht bekommen, was Sie wollen, dann »hat Gott/haben die Eltern andere Dinge mit mir vor. Es gibt einen höheren Sinn«.
2. Wenn alles chaotisch scheint, dann »arbeitet Gott auf geheimnisvolle Weise«.
3. Wenn Sie gut sind, aber nicht belohnt werden, dann werden Sie Ihre Belohnung dafür, daß Sie gut waren, in einem anderen Leben bekommen, oder Sie werden in einem anderen Leben dafür bestraft, daß Sie jetzt schlecht sind.

In der Kognitiven Therapie wird diese Denkverzerrung der *Irrtum der himmlischen Belohnung* genannt:

> *»In diesem Rahmen der Weltsicht tut man immer ›das Richtige‹ in der Hoffnung auf Belohnung. Man opfert sich und wird zum Sklaven und denkt die ganze Zeit, man würde ›Punkte‹ sammeln, die man eines Tages einlösen könnte.«* [16]

Achten Sie darauf, wie tief verwurzelt dieser Zustand im Kleinkind bzw. im inneren Kind ist. Beim Prozeß des Spiritualisierens tritt das sehr häufig auf. Ein Beispiel hierfür ist das Hindu-System von Arbeit und Opfer für Befreiung. In der christlichen Religion wird das

Opfer als etwas Edles angesehen. Das Problem ist, daß die Menschen sich allzuoft in der Hoffnung auf Belohnung selbst opfern, und die Belohnung kommt nicht. Das Kleinkind/das innere Kind reduziert die Welt auf einfache Einheiten von Ursachen (Ich bin gut) und Wirkung (Ich bekomme Geld, Macht, Gott, usw.).

4. *Besonderheit/Einzigartigkeit.* Das ist die dritte Trance-Ebene, die das Kind erschafft und bei der es sich selbst als etwas Besonderes sieht; es *reagiert bzw. verteidigt sich* damit, wenn es von seiner Betreuungsperson nicht das bekommt, was es seiner Meinung nach verdient. Jahre später erwartet das Kind im Erwachsenen, daß man es umsorgt, weil es gut war oder einfach, weil es etwas *Besonderes* ist. Das Kind kann das Chaos aus Vernachlässigung oder Mißbrauch nicht verarbeiten und beschließt daher: Chaos und Mißbrauch müßten einen Sinn haben. Als Reaktion darauf erschafft das Kind die Besonderheit/Einzigartigkeit, wobei das Kind das Gefühl hat, anders zu sein als die anderen, etwas Besonderes zu sein, anstatt mit seiner Vernachlässigung oder seinem Mißbrauch umzugehen. Die Verteidigung der Besonderheit wird durch Werbesprüche wie »Sie sind etwas Besonderes« verstärkt.

Erinnern Sie sich an die Fernsehkomödie *Saturday Night Live**? – Die Kirchendame sagte mit vor Sarkasmus triefender Stimme immer zwei Dinge: »Nun, das ist nichts Besonderes« und »Ich fühle mich nur ein kleines bißchen überlegener«. Achten Sie einmal darauf, wie oft Menschen auf dem spirituellen Weg das Gefühl haben, erwählt zu sein, besser als andere Menschen zu sein, allen anderen überlegen zu sein.

Vor kurzem fragte mich ein Teilnehmer bei einem meiner Workshops: »Wie weiß ich, wann ich die Identität des inneren Kindes angenommen habe?« Ich antwortete: »Wenn Sie sich anders als die anderen fühlen, als etwas Besonderes, dann haben Sie eine Identität angenommen.« Vor einigen Jahren fragte mich ein bekannter Therapeut: »Nehmen wir einmal an, ich würde mich als jemand Besonderes fühlen?« Darauf erwiderte ich: »Mit der Iden-

---

* Beliebte Satiresendung des amerikanischen Fernsehsenders NBC seit Oktober 1975. (Anm. d. Ü.)

tität der Einzigartigkeit gehen Gefühle der Trennung einher, der Abgetrenntheit, das Gefühl, niemand würde einen verstehen, Einsamkeit, Entfremdung und eventuell auch Depressionen. Man muß für den Wunsch des inneren Kindes, sich gegen das Chaos zu verteidigen, indem es das Gefühl erschafft, etwas Besonderes zu sein, einen hohen Preis bezahlen.«

Einzigartigkeit/Besonderheit und Spiritualisieren schützen das Kind vor dem Chaos, dem es in einer dysfunktionalen Familie die Stirn bieten müßte. Häufig fühlen sich Inzestüberlebende als etwas Besonderes, weil sie von Vater/Mutter »erwählt« wurden und diese *besondere* Aufmerksamkeit erhielten. Diese kindliche innere Trance führt im Erwachsenen zu folgenden Gefühlen:

sich mißverstanden fühlen – »Sieht denn niemand, daß ich etwas Besonderes bin?«

sich entfremdet fühlen – »Ich habe ein Geheimnis (den Inzest), das die Leute vertreiben würde, und darum versteht mich keiner.«

sich nicht gesehen fühlen – »Niemand erkennt meine Tiefgründigkeit« oder »Die Menschen sehen mich nicht«.

Spiritualisieren und Besonderheit/Einzigartigkeit

Bei dieser spiritualisierenden Trance der Besonderheit/Einzigartigkeit wird das Geheimnis (der Inzest) vor dem Kind versteckt. Die Eltern, die nun unbewußt als Götter gesehen werden, bewahren das Geheimnis. In seinem späteren Leben wird das Kind im Erwachsenen von einem Guru angezogen, der andeutet: »Ich besitze das Geheimnis.« Das innere Kind im Erwachsenen will die Wahrheit zwanghaft herausfinden oder in Erfahrung bringen in dem Glauben, daß »die Wahrheit es freimachen wird«. Auf diese Weise wird das innere Kind zwanghaft von einem Guru angezogen, der behauptet, er wisse die Wahrheit, und da der Erwachsene etwas *Besonderes* sei, würde er dieses Geheimnis mit ihm teilen. Bei mir war es die Wahrheit meines Inzests, die mich von der Trance des Spiritualisierens befreite. Ich ging zu den Gurus, um Hilfe zu finden und das Geheimnis zu entdecken, das vor mir verborgen war und vom inneren Kind vor mir versteckt worden war.

Ich hatte meine Eltern auf den Guru transferiert, der in meiner Vorstellung das »Geheimnis« kannte. Der Guru stellt eine *Gegen-Trance-ferenz* dar. Er repräsentiert die andere Seite der Identität, gibt vor, er wisse entweder um das Geheimnis der Freiheit, oder behauptet, er sei frei und könne daher das verstecke Geheimnis in Ihnen entschlüsseln. Häufig schlägt der Guru Methoden oder Möglichkeiten vor, diese Geheimnisse des Universums zu öffnen. Hier glaubt der Guru, er hätte den Weg gefunden, und das Kind im Erwachsenen *trance*-feriert seine Eltern auf den Guru in der Hoffnung, den Weg aus dem Irrgarten des Geheimnisses (d.h. des Inzest oder der Dysfunktion) zu finden. Das Geheimnis wird spiritualisiert und in Asien »Maya« (die Illusion) genannt. Der Guru wußte nichts vom Geheimnis meines Inzest. Ich spiritualisierte das Geheimnis und ihn, und ich glaubte, die Wahrheit würde mich freimachen. In diesem Fall *befreite mich die Wahrheit meines Inzests von der spiritualisierenden Trance.*

Spiritualisierter Mißbrauch

In allzu vielen Fällen mißbrauchen Gurus ihre Schüler und Anhänger emotional oder sexuell. Unglücklicherweise wird das akzeptiert, verleugnet oder spiritualisiert, weil es dem inneren Kind im Erwachsenen so vertraut ist. In einem Fall predigte ein indischer Guru, keusch zu leben, während er selbst mit minderjährigen Anhängerinnen schlief. Das wurde von anderen mißbrauchten Anhängern als Tantra (ein geheimes sexuelles Yoga der Befreiung) spiritualisiert. In einem anderen Fall, schlug der Lehrer vor, jeder solle mit jedem schlafen und spiritualisierte das mit: »Du mußt so lange Sex haben, bis es unwichtig wird.« Ein dritter Lehrer schlief mit seinen Anhängerinnen und leugnete es. Interessant ist, daß das innere Kind des Lehrers es auch öffentlich leugnete. Das Maß, in dem der Lehrer/der Guru/das Elternteil sein Trinken oder seinen Mißbrauch leugnet, entspricht dem Maß der Verleugnung im inneren Kind der Anhänger. Ein Lehrer starb an Leberzirrhose und war als Alkoholiker bekannt. Um diese chaotische Diskrepanz zu bewältigen, spiritualisierte das innere Kind in den Anhängern und sagte: »Er trank und hatte Sex für uns, um uns zu lehren, daß er menschlich war.«

Leider sind die Gurus und Lehrer an der Spiritualisierung ebenso beteiligt wie die Schüler und Schülerinnen, daher auch die Anziehungskraft. (Gleiches zieht Gleiches an.) Dies dupliziert den Prozeß mit den Eltern. Opfer-Täter oder Schüler-Guru sind zwei Seiten der Identitättrance des inneren Kindes.

Das innere Kind im Guru

Lassen Sie mich das verdeutlichen: Der Guru hat zwei innere spiritualisierte Kinder. Das eine ist mit der Selbstüberschätzung verschmolzen, und das andere ist das unwissende Kind. Der Schüler hat dieselben beiden inneren Kinder. Der Schüler *trance*-feriert den all-wissenden Größenwahn auf den Guru und macht ihn zu einem allwissenden Heiligen. Der Guru *gegen-trance-feriert* das und wird zum sich selbst überschätzenden Lehrer. Der Guru *trance*-feriert sein unwissendes inneres Kind auf den Schüler, und der Schüler wird infolgedessen als unwissend und beschränkt gesehen. Die *Trance*-ferenz muß aufgebrochen und abgebaut werden, damit der Beobachter aufwachen und wirkliches inneres Bewußtsein entwickelt werden kann. Leider werden der Guru oder Therapeut allzuoft süchtig nach der Lobhudelei der Schüler und Schülerinnen und werden blind gegen über der eigenen *Trance*-ferenz und *Gegen-Trance*-ferenz. – Ich will das näher erklären. Vor kurzem besuchte ich einen Therapeuten-Guru. Eine seiner Schülerinnen, eine Frau um die 50, kam zu ihm und verhielt sich wie eine Fünfjährige. Sie behandelte ihn ganz eindeutig wie einen Vater. Anstatt ihre *Trance*-ferenz zu unterbrechen, gefiel ihm die Schmeichelei, und er wurde zum allweisen Therapeuten-Guru. Obwohl sich beide damit nicht wohl fühlten, war es ihnen vertraut (wie in ihrer Familie). So steckten Schülerin und Therapeuten-Guru in ihrer Altersregression fest. Bei mir endete die Spiritualisierung, als mein Inzest aufgedeckt und verarbeitet wurde.

Was diese Form so interessant macht, sind die Wut, die impliziten Forderungen und die inneren Manipulationen, die das innere Kind durchläuft, damit es umsorgt wird und um den Mißbrauch durch einen Lehrer zu rationalisieren. Durch diese Manipulation kann auch der Lehrer seine Mißhandlungen spirituell rechtfertigen.

Gurus und Lehrer zerbrechen Ehen

Häufig zerbrechen Gurus oder Lehrer die Ehen ihrer Anhänger und Schüler. Warum?

In diesem Szenario lebt der Guru seinen eigenen Ödipuskomplex aus.

> *»Ödipuskomplex: Das ungelöste Verlangen des Kindes nach sexueller Belohnung durch das Elternteil des anderen Geschlechts. Das bedingt zuerst die Identifikation mit und später den Haß auf das Elternteil desselben Geschlechts, das vom Kind als Rivale betrachtet wird.«* [17]

Was heißt das praktisch? Ein Ehepaar kommt zu einem Guru, fällt in eine Altersregression und spiritualisiert den Guru/den Vater. Als nächstes fällt der Guru in eine Altersregression, macht das Ehepaar zu *seiner* Mutter und *seinem* Vater und unternimmt alles, was er kann, um das Paar auseinanderzubringen, damit er die Frau (die Mutter) für sich selbst haben kann.

In Indien nennt man das »linkshändiges *Shaktipat*«. *Shaktipat* ist ein Begriff, mit dem man die Initiation durch einen Guru beschreibt. Bei linkshändigem *Shaktipat* initiiert der Guru Ehefrau und Ehemann und versucht dann, mit der Frau zu schlafen (was ihm mitunter auch gelingt).

Diese Altersregression des Gurus und die Altersregression und Spiritualisierung seiner Schüler und Schülerinnen hat sowohl einzelnen Menschen als auch Paaren großen Schaden zugefügt. Leider kommt so etwas vor, und – was noch schlimmer ist – das Verhalten des Guru wird eher spiritualisiert, als daß er damit konfrontiert wird und sein Verhalten als die altersregressive Trance eines Täters erkannt wird.

Der spirituelle Bezugsrahmen von Lektion und Trance

Als Kinder wurden uns allen Gründe genannt, warum die Dinge so geschehen, wie sie es tun. Im allgemeinen geben Eltern einen Grund für Belohnungen oder Bestrafungen an. Ein Beispiel: Ein Kind, das tut, was Mutter und Vater wollen, wird belohnt – entweder gleich oder zu einem späteren Zeitpunkt. Kinder, die nicht tun, was ihre Eltern ihnen sagen, werden bestraft – entweder gleich oder zu einem späteren Zeitpunkt. Wenn unsere obigen Überlegungen zutreffen und wir unsere Eltern zu Göttern machen, die versuchen, uns Lektionen beizubringen, dann lassen Sie uns einmal die möglichen Ergebnisse betrachten.

Ein Kind wird dafür belohnt, wenn es die Lektion lernt, sein Zimmer aufzuräumen. Ein anderes Kind wird von den Eltern bestraft, weil es die Lektion nicht gelernt hat. Wenn das Kind fragt: »Warum werde ich bestraft?«, sagen die Eltern: »Weil du eine Lektion lernen mußt.«

Jahre später wird in der Schule ein ähnliches Modell von Belohnung und Strafe mit der Vorstellung von Lektionen verflochten. Wenn ich beispielsweise meine Mathematikaufgabe mache, werde ich belohnt. Wenn nicht, werde ich bestraft (ich muß zusätzliche Hausaufgaben machen). Das hat einen Einfluß auf die Zukunft. »Wenn ich gut bin, gibt Gott mir mehr (Segen, Geld, gute Beziehungen, usw.), weil ich meine Lektion gelernt habe. Wenn etwas Schlimmes geschieht, muß ich eine Lektion lernen.« Die Spiritualisierung glaubt an:

gutes Verhalten = gute Ergebnisse,
schlechtes Verhalten = schlechte Ergebnisse.

»Wenn ich gut bin, werde ich etwas bekommen. Wenn ich schlecht bin, werde ich nichts bekommen.« Gute Menschen bekommen Güter, schlechten Menschen werden noch schlechter. Chaos tritt auf, weil das nicht der Fall ist.

Der Widerspruch

Mafiosi besitzen beispielsweise Häuser am Strand, und gute Menschen bleiben mit schlechten Autos auf der Straße liegen. Unvereinbare Erfahrungen verursachen Chaos und müssen vom inneren Kind spirituell rationalisiert werden. »Ich vermute, dieser Mensch hatte ein schlechtes Karma aus einem anderen Leben. Darum geschehen einem guten Menschen keine guten Dinge.« Oder: »Ich frage mich, welche Lektionen sie daraus lernen müssen?«, »Ich frage mich, warum sie für sich so schlechte Ereignisse geschaffen haben?«

Spirituelle Bezugsrahmen und Rationalisierungen

1. Schlechtes geschieht guten Menschen – »Ich vermute, sie mußten eine Lektion lernen.«
2. Schlechtes geschieht guten Menschen – »Es muß einen tieferen Sinn oder einen höheren Plan geben.«
3. Gott gibt mir, was ich brauche – »Wenn du das, was du brauchst, nicht bekommst, dann hast du es wahrscheinlich gar nicht wirklich benötigt.«

Die Spiritualisierung hat starke kulturelle Wurzeln. Bestimmte Denkrichtungen und philosophische Schulen, die Möglichkeiten anbieten, Leiden zu lindern, sind tief im inneren Kind verwurzelt. Worum geht es da genau? – Darum: das Chaos zu organisieren.

Aus einem bestimmten Grund – wahrscheinlich aufgrund der Ursache-Wirkung-Natur und der linearen Natur des Denkens – wehren wir uns gegen das Chaos. Der bekannte Feldenkrais-Trainer Dr. Carl Ginsburg erzählte mir eine Geschichte vom Begründer der Feldenkrais-Methode (einer Art von Körper-Geist-Bewußtsein), Moshe Feldenkrais. Feldenkrais führte ein Training durch und stellte den etwa 60 Trainingsteilnehmern die Frage: »Welchen Sinn hat das Nervensystem?«

Die Schüler gaben alle möglichen Antworten, die Feldenkrais sämtlich verwarf. Seine Antwort? – »Das Nervensystem ist dazu da, das Chaos zu organisieren.«

Auf dieselbe Weise organisiert das innere Kind das Chaos: Es transferiert das System, das es erschuf, um Mutter und Vater zu bewältigen, auf den Rest der Welt. Das Kind im Erwachsenen funktioniert, auf Automatik geschaltet, behandelt die Vergangenheit wie die Gegenwart und erschafft die Zukunft aus der Erinnerung an die Vergangenheit heraus – in dem Versuch, die Welt der Gegenwart in ein System einzupassen, das einen Sinn macht. Probleme entstehen für den Erwachsenen, weil das innere Kind keine Informationen einläßt, die dem System widersprechen und das Kind somit im Erwachsenen einfriert. Die Welt wird vertraut und stabil, aber gleichzeitig auch rigide, langweilig und roboterartig. Durch den Widerstand gegen das Chaos, die Leere oder die Unerklärbarkeit des Lebens werden Systeme erschaffen, die das Chaos organisieren. Die altersregressiven inneren Kinder erschaffen dadurch auch weiterhin eine Welt, in der ihre und unsere Freiheit beschränkt ist.

5. *Die Innenwelt-Trancezustände der dunklen Seite des inneren Kindes: Götter und Göttinnen.* Für jene von uns, die nicht in der Lage waren, ihre Eltern zu idealisieren oder sie zu Göttern zu machen, gibt es einen anderen Trancezustand der dritten Ebene: **internalisierte**, idealisierte Eltern und die Trance des inneren Gottes. In dem Fall eines verletzten Kindes, das seine äußere Mutter nicht als »allmächtig«, »allgütig« oder »allwissend« idealisieren kann, tritt beispielsweise eine neue und verbesserte Trance auf: Es schafft eine innere Welt. Die idealisierten Eltern werden zu »inneren Göttern« oder »inneren Göttinnen«. In östlichen Kulturen wird Devi, die innere Mutter oder Göttin, angebetet, die Krankheiten des Lebens zu bewältigen. Zweifelsohne geht es bei den meisten religiösen Systemen darum, Gott im Innern zu suchen. Das ist eine brilliante Möglichkeit, um das äußere Chaos einer dysfunktionalen Familie zu bewältigen. »Erschaffe eine innere, idealisierte Familie und spiritualisiere sie dann.« Ein Kind kann sich nicht auf den äußeren Vater, auf die äußere Mutter verlassen, warum also nicht eine idealisierte innere Mutter und einen idealisierten inneren Vater erschaffen? Dann kann es durch die transpersonale Transferenz, die sich gegen das Chaos wehrt, innere Götter und Göttinnen erschaffen, die uns die Antworten und Erklärungen geben, die der andere Vater/Götter und die andere Mutter/Göttinnen nicht geben konnten. Häufig werden Archetypen internalisiert, idealisierte Mütter und Väter, die das Kind erschuf, weil es niemanden gab, der diese Rolle einnehmen konnte.

In einigen psychologischen und religiösen Systemen wird das Innere für besser gehalten als das Äußere. Innere Götter/Göttinnen sind besser (idealer), und introvertierte Menschen sind höher entwickelt als extrovertierte. Wenn ein System geschaffen wird, um der Welt einen Sinn zu geben und die Welt für das innere Kind keinen Sinn macht, dann hält die Entwicklung eines introvertierten Systems mit *über*-idealisierten Eltern (die nun Götter oder

Göttinnen heißen) das psychologische System des inneren Kindes am Leben.

Lügen

An dieser Stelle möchte ich noch einmal nachdrücklich auf einen Punkt aus dem Vorwort hinweisen. Ich habe nicht den Wunsch, jene zu beschimpfen, niederzumachen oder zu beschuldigen, die einer spirituellen Gruppe oder einem spirituellen System angehören. Dem Anliegen einer spirituellen Gruppe wäre jedoch besser gedient, wenn jeder einzelne die Verantwortung für seine Trancezustände übernehmen würde. Anders ausgedrückt hat es P.D. Ouspensky, der bekannte Lehrer des Vierten Weges: er nannte die Psychologie »ein Studium der *Lügen*«. Jeder von uns ist für die Lügen verantwortlich, die er oder sie aufbaut und sich selbst erzählt. Ein wahrhaft spiritueller Krieger muß diesen Lügen die Stirn bieten, sie anerkennen und abbauen. Das erfordert Mut. Es ist nicht an mir zu sagen, ob Sie sich selbst anlügen und spiritualisieren – das ist Ihre Aufgabe. Ich versuche nur, auf mögliche »Fallgruben« hinzuweisen, die ich an mir selbst beobachtet habe.

Vor kurzem wurde ich von einem Workshopteilnehmer gefragt, ob es so etwas wie einen Mangel an Integrität in der Welt gebe. Ich sagte: »Lügen und Integrität sind nicht schwarz oder weiß. Integrität beginnt in einem selbst, nicht außerhalb. Je mehr Sie sich selbst anlügen, desto mehr lügen Sie andere an.«

In dem uralten Yoga-System namens Raja-Yoga erfordert der erste Schritt vom Ausübenden, nicht zu lügen. Dabei geht es in Wahrheit darum, sich selbst nicht zu belügen, um sich Schmerzen zu ersparen. Daher ist es die Absicht dieses Abschnitts, um jeden Preis die Lügen aufzudecken, die Sie sich selbst erzählen, gleichgültig, wie geringfügig sie auch sein mögen: darin liegt Freiheit.

Ein Inzestüberlebender aus einer dysfunktionalen Familie erfährt Chaos. Er wird dazu getrieben, in seinem Innern einen guten Vater zu erschaffen, einen, der immer da ist, ruhig und friedlich. Das gibt dem Leben des Kindes einen Sinn und verleiht Stabilität, aber es raubt dem einzelnen das Verständnis. Wenn wir Strukturen (Lügen) erschaffen, um das Chaos zu bewältigen, verlieren wir uns selbst: denjenigen, der beobachtet und diese Strukturen erschafft.

Ein weiteres Beispiel für eine Selbst-zu-Selbst-Lüge: Vor kurzem hielt ich im amerikanischen Mittelwesten einen Workshop. Der Mann, der mich engagiert hatte, klagte über die Frau, mit der er gerade ein Verhältnis hatte. Er sagte: »Ich kann nicht glauben, daß ich schon wieder auf denselben Typ Frau hereingefallen bin.« Ich sagte: »Das kommt daher, daß Sie sich von Anfang an selbst belogen haben.« Nach einem kurzen Augenblick des Schocks meinte er: »Wissen Sie, Sie haben recht. Ich wußte von Anfang an, was da ablief und habe mich einfach selbst belogen.« Das befreite ihn immens, denn er konnte jetzt die *Verantwortung für seine Taten übernehmen*, anstatt sich als Opfer ihres Handelns zu fühlen.

In meinem Fall empfand ich das stärkste Gefühl der gegenseitigen Verbindung und Einheit aller Menschen, das ich jemals erlebte, bei der ersten Versammlung der *Anonymen Inzestüberlebenden*. Warum? – Weil die Lügen, die ich mir selbst erzählt hatte, und das heuchlerische Verhalten, daß ich anderen etwas vorspielte, in dem Augenblick, in dem ich die Wahrheit sagte, verschwanden. Es erfordert eine immense Menge an Energie, ein Geheimnis zu bewahren, zu lügen und zu täuschen. Wenn man sich diese Lügen als Lügen eingesteht, treten natürlich Verletzlichkeit, aber auch gegenseitige Verbindung auf. Das ist der Schlüsselpunkt, an den wir uns erinnern sollten. Wenn unser höchstes Ziel die Entdeckung ist, *wer wir sind*, dann ist der wichtigste Schritt, unseren selbsterschaffenen inneren Wirklichkeiten ins Gesicht zu sehen: ihren Sinn anzuerkennen, zu lernen, wie sie uns geholfen haben, uns zu wehren oder das Chaos zu organisieren. Der letzte Schritt ist, uns selbst als Beobachter und Schöpfer unserer inneren Bilder und Erfahrungen zu entdecken. Dies erlaubt uns, uns selbst noch klarer zu sehen und letztendlich sogar jenseits des Beobachters und der von ihm erschaffenen Wirklichkeit zu gelangen. Das wird detailliert und auf eine auf Erfahrungen beruhende Weise in meinem Buch *Quantenbewußtsein. Das experimentelle Handbuch der Quantenphysik* ausgeführt.

Das Nervensystem

Viele Formen der Psychotherapie schlagen vor, Ihre inneren Götter oder Göttinnen zu integrieren oder mit ihnen in Berührung zu kommen. Dieses Phänomen taucht – laut Dr. Carl Jung – auf ähnliche Weise im Osten und im Westen, bei arm und reich, in primitiven und in industrialisierten Gesellschaften auf. Bei dieser Art, das Chaos in den Griff zu bekommen – was Jung einen »Archetypus« nennt –, könnte es sich um die universelle Art und Weise handeln, wie das Nervensystem Chaos organisiert. Diese Erkenntnis ent-mystifiziert die Welt des kollektiven Unterbewußtseins. Könnte nicht die innere Schöpfung der Wunsch oder der Versuch sein, Einsichten zu entwickeln und das Chaos zu vermeiden? In Indien ist es gesellschaftlich akzeptiert, zur Göttlichen Mutter zu beten, wie es bei den Römisch-Katholischen akzeptiert ist, zur Mutter Maria zu beten. Möglicherweise leben diese universellen Erfahrungen gar nicht im kollektiven Unterbewußtsein, sondern sind vielmehr eine kollektive Trance zur Verteidigung, die sich über alle Kulturen hinweg gleicht und universell ist, ein Teil des Nervensystems, der in unserem Leben Schmerz und Chaos organisieren soll.

Wenn das der Fall sein sollte, dann sind wir nicht einer mystischen Welt der Götter und Göttinnen unterworfen, sondern einer Welt von selbsterschaffenen Göttern und Göttinnen, erschaffen vom Kind und von Generation zu Generation in Form von Ritualen, Traditionen und Folklore weitergereicht.*

Ich habe nicht das Ziel, Glaubensstrukturen zu zerstören. Es ist lediglich meine Absicht, Sie, den Schöpfer dieser Glaubensstrukturen, dazu zu bewegen, ihre Macht wieder in Besitz zu nehmen. Wenn Sie herausfinden, wer Sie sind, stehen Ihnen alle Glaubensstrukturen wie *heilige Kühe* im Weg! Der angesehene Philosoph Alfred Korsybski sagte: »Die Landkarte ist nicht das Land.« Auf diese Weise sind Sie nicht die Glaubensstrukturen, Vorstellungen und Bilder. Vielmehr sind Sie der Beobachter und Schöpfer (das Land) der Bilder (der Landkarte).

* Dieser Punkt wird ausführlich in meinem nächsten Buch *Das Tao des Chaos* behandelt. (Anm. d. Autors)

Der nächste Schritt: Mit Spiritualisierung umgehen

1. Achten Sie darauf, von welcher religiösen oder spirituellen Weltanschauung sich Ihr inneres Kind angezogen fühlt.
2. Schreiben Sie die grundlegenden Überzeugungen dieser religiösen oder spirituellen Weltanschauung auf.
3. Achten Sie auf die Überzeugungen des inneren Kindes, und schreiben Sie sie auf. Achten Sie darauf, daß die Überzeugungen des inneren Kleinkindes (mit denen Sie sich ständig beschäftigen) häufig »Wünsche« sind.
4. Vergleichen Sie die beiden Glaubensstrukturen, um zu sehen, ob es Parallelen gibt.
5. Achten Sie darauf, an welcher Stelle Ihres Körpers das innere Kind lebt (Mund, Herz, Lenden, usw.)
6. Achten Sie darauf, welche Trance der Spiritualisierung Ihr inneres Kind einsetzt. Wenn viele spirituelle Überzeugungen mit dem Glauben des inneren Kindes übereinstimmen, dann identifizieren Sie diejenigen aus der folgenden Liste:
   a) *Trance*-personale *Trance*-ferenz
   b) *Trance*-personale Co-Abhängigkeit
   c) Besonderer Schmerz
   d) Besonderheit/Einzigartigkeit
   e) Innere Götter und Göttinnen
7. Identifizieren Sie die Spiritualisierungen, Verallgemeinerungen und Überzeugungen des inneren Kindes, und schreiben Sie sie auf.
8. Identifizieren Sie die spirituelle oder psychologische Weltanschauung, an die das innere Kind glaubt bzw. die es für zutreffend hält.
9. Treten Sie mit dem inneren Kind in einen Dialog. Stellen Sie Fragen, und schreiben Sie die Antworten des inneren Kindes auf.
   a) Was weißt du (das innere Kind) nicht über dich selbst?
   b) Wogegen wehrst du (das innere Kind) dich?
   c) Wenn du (das innere Kind) eine Weltanschauung annimmst und daran glaubst, welche Erfahrung willst du dann damit vermeiden?

d) Wenn du (das innere Kind) diese Weltanschauung annimmst, wehrst du dich damit dann gegen das Chaos?
e) Wenn du (das innere Kind) diese Weltanschauung annimmst, wehrst du dich damit dann gegen das Unbekannte?
f) Wenn du (das innere Kind) diese Weltanschauung annimmst, wehrst du dich damit dann gegen die Verwirrung?
g) Wenn du (das innere Kind) diese Weltanschauung annimmst, wehrst du dich dann dagegen, dich überwältigt zu fühlen?
h) Wenn du (das innere Kind) diese Weltanschauung annimmst, wehrst du dich damit dann gegen die Angst?
i) Wenn du (das innere Kind) diese Weltanschauung annimmst, wehrst du dich damit dann gegen den Verlust des Selbst?
j) Wenn du (das innere Kind) diese Weltanschauung annimmst, wehrst du dich dann dagegen, die Kontrolle zu verlieren?
k) Wenn du (das innere Kind) diese Weltanschauung annimmst, wehrst du dich damit dann gegen die Leere?
l) Wenn du (das innere Kind) diese Weltanschauung annimmst, wehrst du dich dann dagegen, dich verrückt zu fühlen?
m) Wenn du (das innere Kind) diese Weltanschauung annimmst, wehrst du dich damit dann gegen das Vakuum?
n) Wenn du (das innere Kind) diese Weltanschauung annimmst, wehrst du dich damit dann gegen den Raum?
o) Wann hast du (das innere Kind) beschlossen, eine spirituelle oder psychologische Weltanschauung anzunehmen, um einen oder mehrere der oben genannten Punkte zu bewältigen? – Schreibe deine Antworten auf.
p) Gibt es einen Vorfall, ein Trauma oder ein Ereignis, bei dem du (das innere Kind) Zeuge warst bzw. das du beobachtet hast und das dein System bzw. deine Sicht der Welt zementiert hat? – Schreibe deine Antwort auf.
q) Fragen Sie sich selbst: Wenn ich die Spiritualisierung des inneren Kindes aufgebe, was würde dann übrigbleiben? – Schreiben Sie Ihre Antwort auf.
r) Wenn Sie wissen, was übrigbleiben würde, fragen Sie sich selbst: »Bin ich bereit, die Trance der Spiritualisierung des inneren Kindes aufzugeben?« Wenn nicht, warum nicht?

s) Wenn nicht, fragen Sie sich selbst: »Wogegen habe ich Widerstand, weshalb will ich die Spiritualisierung nicht aufgeben?« – Schreiben Sie Ihre Antwort auf.

Hausaufgaben

1. Teil: Jedesmal, wenn Ihnen in der kommenden Woche eine Spiritualisierung oder eine Methode, das Chaos zu organisieren, in den Sinn kommt, halten Sie sie fest und geben Sie ihr den Namen »Trance der Spiritualisierung«.
2. Teil: Achten Sie darauf, wie die Spiritualisierung Ihnen hilft, das Unerklärbare in Ihrem Leben zu erklären.

Schlußfolgerung

Diese Methode bietet einen Ansatz, der Sie in Berührung bringt mit den verschiedenen Spiritualisierungen, die es gibt. Das verleiht die Fähigkeit, die auftauchenden Vorstellungen des Lebens, die sich der Erfahrung des Lebens der Gegenwart in den Weg stellen, zu beobachten und zu unterbrechen. An früherer Stelle habe ich erwähnt, daß Bewußtsein das Lösungsmittel für den Leim der Spiritualisierung ist. Die Spiritualisierung ist ein zweischneidiges Schwert. Obwohl sie vorübergehend Linderung des Chaos bietet, raubt sie Ihnen in der *Gegenwart* die Möglichkeit, die Welt ohne Beeinträchtigungen aus der Vergangenheit zu sehen. Die Absicht ist, Sie von der früheren Sicht der Welt des inneren Kindes/Kleinkindes zu befreien. Das innere Kind hat ein Fenster, durch das es blickt. Wenn wir diesen Blick hinter uns lassen, bietet uns das die Gelegenheit, Erfahrungen der Gegenwart zu genießen und wir erlangen die Freiheit reinen, ununterbrochenen Bewußtseins, unbeeinträchtigt durch Erinnerung, Verzerrung oder den Widerstand gegen das Chaos. Dieses reine, ununterbrochene Bewußtsein und diese Erinnerung an Ihr wirkliches Selbst (ohne die Beeinträchtigung durch die Vergangenheit) macht die natürliche Verbindung und Einheit allen Lebens verfügbar. Dieses natürliche Einheitsbewußtsein namens »Quantenbewußtsein« ist die Kraft und die Verbindung, die uns die wahre, natürliche mühelose Spiritualität bietet. Das ist unser Geburtsrecht, und es wird zu einem Wissen, das auf Erfahrung beruht, wenn die automatischen Trance-Assoziationen der Vergangenheit des inneren Kindes beendet werden.

Als ich ein Kind war,
da redete ich wie ein Kind
und dachte wie ein Kind
und war klug wie ein Kind;
als ich aber ein Mann wurde, tat ich ab, was kindlich war.

Die Bibel, 1. Korinther 13, 11

Nachwort

Begründung von Identitäten: Das Tao des Chaos

Jetzt verabschieden wir uns fürs erste von der Identität des inneren Kindes. Und was begrüßen wir? Ursprünglich wurde die Identität des inneren Kindes mit all ihren Trancezuständen, Strategien, Gedanken und Gefühlen aus den beiden Elternteilen geboren: *Chaos und Widerstand.* Wenn Moshe Feldenkrais recht hat und der Sinn des Nervensystems darin liegt, das Chaos zu organisieren, dann benützt der Beobachter das innere Kind, um das Chaos zu organisieren, indem er Strategien erschafft, um das dysfunktionale Familienleben zu bewältigen. Dieses innere Kind ist eine Manifestation des Beobachters und der kreative Aspekt unseres Nervensystems.

Obwohl das innere Kind zu unserem Überleben beiträgt, indem es einen bestimmten sensorischen Input abtötet – oder zumindest dämpft –, beraubt uns dieses Abtöten unserer wirklichen Natur. In der Tat könnten nur wenige von uns leugnen, daß ein Kind, das aus Chaos und Widerstand geboren wurde, wenig tun kann, außer mehr Chaos in seiner inneren subjektiven Welt und der äußeren Welt zu erschaffen. Während wir uns von diesem Kind des Chaos verabschieden, ist es wichtig, ein neues Kapitel zu öffnen und mit dem Chaos zu arbeiten, es aufzunehmen und damit zu leben, ohne es automatisch immer wieder neu zu erschaffen. Mein nächstes Buch *Das Tao des Chaos* wurde mit diesem Hintergedanken geschrieben.

Wie Sie sich sicher aus einem früheren Kapitel dieses Buches erinnern, wurde Chaos wie folgt definiert:

> *»Völlige Verwirrung bzw. totales Durcheinander; gänzlich ohne Organisation oder Ordnung.«* [18]

Wir haben zweifelsohne gesehen, daß das innere Kind eine Manifestation der Unordnung ist oder – psychologisch ausgedrückt – der Dysfunktion.

Die zweite Definition des Chaos lautet:

»Die Unendlichkeit des Raumes oder formlose Materie, die der Existenz eines geordneten Universums vorhergegangen sein soll.« [19]

Diese Definition nimmt in dem Buch *The Tao of Chaos* einen der ersten Plätze ein. Warum wehren wir uns alle gegen das Nichts oder – wie es die Buddhisten nennen – die »Leere«? – Lassen Sie mich das anhand von zwei Menschen erklären, die mich zur Psychotherapie aufsuchten:

Der erste, ein Geschäftsmann, litt unter akuten Angstanfällen. Wir nahmen seine Trancezustände und die Grundstrukturen seines inneren Kindes zuerst auseinander. Es blieb eine viel tiefere, viel erschreckendere Erfahrung übrig, der man viel mehr Widerstand leistet ... das Gefühl der *Leere*, des Nichts. Wir fanden heraus, daß dieser Mann sich gegen die immer gegenwärtige Leere in sich so intensiv gewehrt hatte, weil er das Gefühl hatte, er würde davon verschlungen und verschwinden.

Da das Chaos also als die »Unendlichkeit des Raumes« definiert wird, begannen wir unsere Arbeit damit, die Leere allmählich als einen Freund zu sehen, der immer da ist, unberührt und still. Seine Angst verschwand. Warum? – Er wehrte sich nicht länger gegen die Leere oder das Chaos.

Das zweite Beispiel: die Ärztin, die mich aufsuchte, weil sie unter zwanghaften Gedanken und Verhaltensweisen litt. Das wirkte sich auf Arbeit und Beziehungen gleichermaßen aus. Sie suchte meine Hilfe, denn nachdem sie mit 19 Jahren ihr Zuhause verlassen hatte, um zu heiraten, und ihre Ehe nach 25 Jahren Ehe geschieden worden war, hatte sie sofort eine neue Beziehung aufgenommen. Diese neue Beziehung war nun nach nur vier Jahren gescheitert, und sie geriet in Panik. Wieder durchliefen wir die Identitäten und Strategien aus Vergangenheit und Gegenwart, aber die Panik blieb. Ich war erneut von ihrem Widerstand gegen die Leere erstaunt, die sie als ständig präsent und als Bedrohung empfand. Ihre zwanghaften Neigungen waren eine Möglichkeit, sich gegen die Leere zu wehren, indem sie versuchte, sie *anzufüllen*. Wir arbeiteten uns durch die Unmöglichkeit, die Leere anzufüllen, und anstatt sich weiter dagegen zu wehren, ließ die Panik nach. Sie fühlte sich ruhig und friedlich. Außerdem verschwanden nicht nur die Panik und die zwanghaften Versuche, die Leere aufzufüllen, sondern auch ihre Angst vor dem Alleinsein, die mit der Leere verbunden war.

Wenn man sich die innere Leere ansieht, so stellt das die ernstere Seite dessen dar, was man normalerweise Chaos nennen würde; das wurde zu meiner persönlichen nächsten Entwicklungsstufe. Ich erforschte die neu entstandene »Chaostheorie«, ein Kind der Physik, und seine Anwendbarkeit auf das Gebiet der Psychologie und Selbsthilfe. Mein nächstes Buch beschäftigt sich mit dem Chaos und seiner Widerspiegelung unserer täglichen Probleme und Lösungen, daher der Titel *Das Tao des Chaos*. Tao ist das chinesische Wort für »der Weg«, also heißt es eigentlich »Der Weg des Chaos«.

In diesem Buch, wie auch in meinen früheren Werken *Die alltägliche Trance. Heilungsansätze in der Quantenpsychologie* und *Quantenbewußtsein. Das experimentelle Handbuch der Quantenpsychologie* werden Identitäten, Rollen, Trancezustände und ihre Beziehung zu Psychologie, Physik und Religion durchleuchtet.

Das Buch *The Tao of Chaos* bietet Methoden und Ansätze, um das Chaos und seine Schwester, die Leere, als ein Mittel anzunehmen, um den tieferen Sinn dessen, wer wir ohne Widerstand sind, zu entdecken.

In Liebe,
Ihr Bruder Stephen

Anhang I

Der Auslöser: Den Knopf verändern

Ein »Auslöser« ist ein Knopf, der gedrückt wird und so zum Problem führt. Die meisten von uns kennen den Ausdruck: »Das hat bei mir etwas ausgelöst.« Denken Sie daran: Wenn bei Ihnen etwas ausgelöst wird, wenn die Knöpfe gedrückt werden und Sie herausfinden, daß Sie Angst bekommen, wütend werden etc., dann ist es das innere Kind, bei dem der Knopf gedrückt wird, nicht der Erwachsene. Der Erwachsene sieht diese Welt, und plötzlich löst etwas eine Reaktion vom inneren Kind aus. Diese Reaktionen des inneren Kindes sind wie ein alter Film und müssen als das gesehen werden, was sie sind: ein Reaktionsmechanismus. Um das zu erreichen, müssen Sie die Art und Weise verändern, wie das innere Kind den Knopf sieht.

In der Vergangenheit hat die Psychotherapie in all ihren Formen sich entweder mit dem Individuum oder mit der Familie und dem interpersonalen Kontext befaßt. Die meisten Therapieformen fallen unter die erste Kategorie und hängen dem Mythos (der Lüge) an: Wenn Sie Ihre »Angelegenheiten« verarbeiten, werden Sie bekommen, was Sie *wollen*. Bei diesen »Angelegenheiten« handelt es sich um alle unaufgearbeiteten und nicht-erfahrenen Erfahrungen, Körperpanzerungen, Atemmuster, usw. Wenn Sie sich mit all dem befaßt haben, »gehört die Welt Ihnen!« Das mißachtet den Kontext der Gesellschaft, in der das Individuum lebt. Insbesondere die Systemtherapie, die Struktur- und die Strategietherapie gehen davon aus, daß alle Erfahrungen grundsätzlich kontextabhängig sind oder sich nur auf die Situation beziehen, in der ein Verhalten geschieht und auftritt. Diese Systeme postulieren: Wenn Sie die Interaktionen der Familie oder den Kontext, in dem ein Problem auftaucht, verändern, verschwindet das Problem. Bei diesen Theorien ist es der Kontext, der das Auftauchen eines Problems zuläßt; das Individuum wird ignoriert.

Mein Ansatz integriert sowohl Sie, das Individuum, als auch Ihre innere Welt (intrapersonaler Kontext) und Ihren Umgang mit anderen (interpersonaler Kontext), so daß beide Modelle friedlich nebeneinander leben können. Aus diesem Grund definiere ich »Auslöser« als etwas in der Umgebung, das den Knopf drückt und so eine ungewollte Trancereaktion des inneren Kindes erschafft.

Ein Beispiel: Eine Frau, die mich aufsuchte, war in ihrer Kindheit sexuell mißbraucht worden. Diese Erfahrung wurde verallgemeinert. Der Auslöser namens »Vater« wurde auf alle Männer übertragen und schuf eine innere Angstreaktion. Ihre Muskeln verspannten sich, und sie verschloß sich emotional. Um den Trancezustand des inneren Kindes aufrechtzuerhalten, muß man die eigene Aufmerksamkeit schrumpfen. Dabei sind Ressourcen, die einem Erwachsenen normalerweise zur Verfügung stehen, nicht länger zugänglich. Nun stellt sich die Aufgabe, den Beobachter zu wecken, damit die Identität des inneren Kindes beobachtet und abgebaut werden kann. Ressourcen werden dann verfügbar, und die Trance des inneren Kindes (die automatische Reaktion) läßt nach.

Wenn ein Patient/eine Patientin mich als Therapeuten aufsucht, erfahre ich durch jedes seiner/ihrer Worte, wie er/sie seine/ihre innere Erfahrung erschafft. Meine Einstellung lautet: »Lehre mich, wie dein inneres Kind dein Problem erschafft.« Indem ich ihm/ihr zuhöre und die Bedeutung der Worte verändere, kann er/sie die Rillen in der Schallplatte wechseln und das Lied mit einer anderen Melodie abspielen. Lassen Sie uns annehmen, mit bestimmten Worten drücken Sie mir gegenüber beschränkende Assoziationen aus. Ich erweitere jede einzelne. Bei »Man kann keinem Mann trauen« ist die beschränkte Bedeutung mit »Männern« verschmolzen. Der Wechsel bietet die Gelegenheit, neue Bedeutungen für »Männer« zu erfahren, und so neue Perspektiven zu entwickeln, wie man Männer sieht. Dazu muß das innere Kind in der Erwachsenen als das gesehen werden, was es ist: eine Identität, die die *Beobachterin* während Trauma und Chaos geschaffen hat. Das ändert die eigene Weltsicht.

Das Kind in einem Mann sagte mir, er habe Angst, in seinem Leben Veränderungen durchzuführen. Das Wort *Veränderung* oder *Wechsel* macht ihm Angst. *Veränderung* oder *Wechsel* war mit Furcht verschmolzen. Ich sprach zuerst mit ihm darüber, die Kleider zu *wechseln*, um dem Wort *Veränderung* oder *Wechsel* eine neue Bedeutung zu geben. Ich sprach darüber, die Positionen zu verändern, wenn er mit seiner Frau schlief, damit er sich ... besser fühlen könne. »Wenn Sie mit Ihrer Frau schlafen, dann liegen Sie einmal auf dem Rücken, dann wiederum setzen Sie sich aufrecht hin. – Sie können ... Veränderungen durchführen ... und sich dadurch besser fühlen und eine bequemere Lage für Ihre Arme oder Beine finden. Manchmal kann es ... aufregender sein, in andere Stellungen zu wechseln.« Ich sprach darüber, die Unterwäsche zu wechseln, Veränderungen im Aussehen durchzuführen, usw. Das Schlüsselwort – *Wechsel* oder *Veränderung* – mußte viele Bedeutungen bekommen.

Es ist für alle von uns sehr wichtig, wie wir uns selbst begrenzen, indem wir den Bedeutungsspielraum eines Wortes begrenzen.

Übung

Es folgen einige Wortassoziationen, durch die Sie entdecken können, wie begrenzt uns das innere Kind fühlen läßt. Bei dieser Übung sollen Sie die Sätze ergänzen, Ihre Antworten aufschreiben und darauf achten, was hochkommt. Schreiben Sie Ihre Assoziationen zu jedem Wort so lange auf, bis nichts mehr auftaucht.

Ich bin ...
Männer sind ...
Ich bin nicht ...
Männer sind nicht ...
Frauen sind ...
Ich kann nicht ...
Ich werde niemals ...
Ich werde immer ...

Wenn Sie diese Lücken ergänzen, haben Sie schon den ersten Schritt getan: Sie haben die Überzeugungen des inneren Kindes, das nur eine begrenzte Perspektive seiner selbst und anderer hat, identifiziert.

1. Schritt: Beachten Sie, daß Sie der Beobachter des Kindes sind, das eine Überzeugung hat.
2. Schritt: Beobachten Sie, an welcher Stelle in Ihrem Geist oder in Ihrem Körper diese Überzeugung haust.
3. Schritt: Ist mit dieser Vorstellung eine Emotion oder ein Gefühl verbunden?
4. Schritt: Verändert diese Vorstellung die Wahrnehmung Ihrer selbst?
5. Schritt: Verändert diese Vorstellung Ihre Wahrnehmung der Welt?
6. Schritt: Erleben Sie, daß Sie der Beobachter der Weltsicht des inneren Kindes sind.

Diese Übung wird Ihnen helfen, der begrenzten Assoziation einer vergangenen Identität des inneren Kindes zu entfliehen. Wie schon zuvor erwähnt, verursacht die Unterbrechung der Bewegung nach außen oder E-motion (»E« bedeutet »nach außen«) ein genau das Gegenteil bewirkendes Verhalten. (Wenn Sie die nach außen gerichtete Bewegung der Energie unterbrechen, erfahren Sie selbstverhinderndes Verhalten.) Wir wollen uns beispielsweise einmal vorstellen, ein Kind sei wütend auf seine Mutter. Die Mutter durchkreuzt den Ärger und bestraft das Kind. Die Wut des Kindes wurde von der Mutter unterbrochen.

In diesem Fall lernt das Kind, die nach außen gerichtete Bewegung der Wut zu unterbrechen, indem es die Stimme der Mutter internalisiert (innerer Dialog), z.B.: »Du sollst nicht wütend sein.« Da die Bewegung unterbrochen wurde, muß die Energie umgeleitet werden. Das Kind richtet die Energie gegen sich selbst. Das innere Kind entwickelt dann eine Körperhaltung und einen chronischen Körperpanzer, um die Wut abzublocken, damit sie sich nicht ausdrückt und (oft auch) nicht gefühlt wird.

Um eine neue Bedeutung für den, der außen den Knopf drückt, zu erschaffen, fragen Sie sich selbst: »Was hat diese Reaktion verursacht? Welcher externe Reiz hat dieses Muster ausgelöst?«

Einmal suchte mich ein Mann auf, der absolut sicher war, die Frau, mit der er seit mehreren Jahren zusammen war, wolle sich von ihm trennen. Er war 15 Jahre verheiratet gewesen, als ihn seine Frau wegen eines anderen Mannes verließ. In den ersten sieben Jahren, nachdem sich seine Frau von ihm getrennt hatte, war er so verletzt, daß er nur kurzfristige Beziehungen eingehen konnte. Er erzählte: »Ich kapselte mich ein.« Dann traf er seine jetzige Freundin, sie gingen eine gefühlsmäßige Bindung ein und lebten auch hin und wieder zusammen.

Alles war recht unsicher. Einmal standen sie kurz davor zu heiraten, aber es kam nicht dazu. Er erzählte mir: »Ich habe Angst, sie könnte mich verlassen. Ich habe ganz schön Angst.« Angst ist eine »Zukunftsvision«. Er stellte sich vor, die Katastrophe würde eintreten, und sie würde ihn verlassen. Da er schon einmal von einer Frau verlassen worden war, projizierte er das auch auf die Zukunft. Er fühlte sich sehr ängstlich und bedrückt. Er befand sich in der Identität des inneren Kindes, spielte die Filme der früheren Entzweiung ab und schuf durch seinen eigenen inneren Dialog und seine Trance der Zukunftsvision: »Sie wird mich verlassen.« Ich wollte wissen, wie dieser Mann mit dieser Frau in eine Ablehnungstrance fiel und die Erfahrung namens »Sie wird mich verlassen« schuf. Das innere Kind hypnotisierte ihn, ausgelöst wurde das aber durch die Frau.

Ich selbst fuhr einmal eine Straße hinunter und sah vor mir ein Polizeifahrzeug. Ich verspannte meine Muskeln und nahm einen tiefen Atemzug oder hielt den Atem an. Der Auslöser war ein Polizist, und ich erschuf eine Katastrophentrance. Ich stelle mir bereits eine Katastrophe vor: »Er wird mich an den Straßenrand winken und mir einen Strafzettel ausstellen.« Der Polizist ist der Auslöser. Diese Trance wird von Polizisten ausgelöst und stammt aus den 60er Jahren, als ich während einer Anti-Vietnam-Demonstration von fünf Polizisten verprügelt worden war. Der Teil in mir, der feststeckt, stülpt den Vorfall aus den 60er Jahren über die 90er und schafft so eine Katastrophen- und Angst-Trance. In meinem Fall, wie bei den anderen, gab es keine Unterscheidung.

Ich fragte diesen Mann: »Was genau ist der Auslöser?« Er sagte: »Sie umarmt mich. Wenn sie mich sieht, läuft folgendes ab: Sie klopft mir auf den Rücken oder legt ihren Arm um mich. Ich spüre, wie es immer mehr zu einer netten Freundschaft wird, anstatt zu einer leidenschaftlichen Beziehung.« *Die Hand und die Berührung lösen die Reaktion aus.* Für ihn bedeutet das, sie ist eher freundschaftlich eingestellt als sexuell erregt. Meine Aufgabe ist es, den Auslöser in seine Einzelteile zu zerlegen.

Ich fragte ihn: »Welcher Finger fühlt sich am freundschaftlichsten an?« Er antwortete: »Der Mittelfinger.« Der Auslöser ist die Art und Weise, wie sie ihn berührt. Seiner Meinung nach liegt das Problem in ihrer Berührung, der Mittelfinger strahle nichts als Freundschaft aus. Dann fällt er in die ausgelöste Reaktion namens »Sie verhält sich freundschaftlich, sie ist nicht mehr nur meine Geliebte, und sie wird mich irgendwann verlassen.«

Mein Ziel war es, in dieses Reaktionsmuster Variationen einzuführen, dem Auslöser (der Berührung) und so dem Mittelfinger neue Bedeutungen hinzuzufügen. Ich sah meine Hand an und er sah auf seinen Mittelfinger und ich fragte: »Welcher Finger strahlt am meisten Sex aus?«

Patient: »Der Zeigefinger.«
Stephen: »Welcher Finger strahlt am meisten Zuneigung aus?«
Patient: »Der Ringfinger.«
Stephen: »Der Ringfinger?« Und ich fügte hinzu: »Welcher Finger strahlt am meisten Sinnlichkeit aus?«
Patient: »Der Zeigefinger.«
Stephen: »Der Zeigefinger?« (Der Finger, der die Richtung zeigt.) »Welcher Finger ist am interessantesten?«
Patient: »Der kleine Finger.«
Stephen: »Was ist mit dem Daumen?«
Patient: »Der hat keinen richtigen Zweck. Mit ihm kann man nur Dinge halten.«
Stephen: »Wenn Sie sie also halten will, können sie es am Daumen spüren?« (Eine neue Bedeutung für den Auslöser.)
Patient: »Ja.«
Stephen: »Ich muß Ihnen nicht erst sagen, daß in Amerika diese Geste etwas Bestimmtes bedeutet; und jene Geste etwas ganz anderes. In Indien bedeutet das (zum Abschied winken) soviel wie ›Hallo‹. In Amerika verabschieden wir uns damit. Diese Geste bedeutet in Indien: ›Ich muß mal

> auf die Toilette‹ (Geste mit Hand und Fingern). Diese Geste bedeutet ›Nehmen Sie mich bitte in Ihrem Wagen mit.‹«

Mit jedem Finger gab ich dem Auslöser eine neue Bedeutung, neue Einzelheiten. Das weitete die Bedeutung des interpersonalen Auslösers aus und veränderte die Trance. Ich schuf auf Erfahrung beruhende Optionen zur Bedeutung der Hand. Im Grunde ist ein Umgebungsreiz (Knopf) wie ein Regisseur, der sagt: »Und jetzt spult mal die Ablehnungsszene ab.«

Ein Drogenabhängiger suchte mich auf. Es war seine vierte Sitzung. Er verspürte keinen Drang, Drogen zu nehmen, aber er kam und sagte: »Wir müssen noch an viel mehr arbeiten.«

»Wenn ich jemanden treffe, spüre ich immer, wie er mich ablehnt. Ich fühle, daß ich weniger wert bin. Ich bin nichts wert.«

Der Mann erzählte, wie er vor der Sitzung einen Kräuterladen aufgesucht hatte. Dort stand ein Bekannter hinter der Theke. Er stellte sich vor diesen Bekannten und begann, sich unwürdig zu fühlen, als ob er den anderen beeindrucken müßte. Was schrieb ich also auf? – »Unwürdig, Eindruck machen – ›Ich bin nicht gut genug‹.« Das war sein innerer Dialog.

Ich fragte: »Was löst diese Reaktion aus? Ist es der Mann aus dem Kräuterladen? Ist es seine Haltung, sind es seine Beine? Ist es sein Mund? Seine Nase? Schaut er ständig weg? Wendet er sein Gesicht ab? Was ist es?«

Patient: »Es sind seine Augen.«
Stephen: »Sein linkes Auge oder sein rechtes?«
Patient: »Sein linkes Auge.«
Stephen: Welcher Teil seines linken Auges?«
Patient: »Die Fältchen unter seinem Auge.«
Stephen: »Welcher Teil des Gesichts nimmt Sie Ihrer Meinung nach am meisten an? Welches Auge?«

Ich fing an, das Gesicht in Hunderte kleiner Quadrate aufzuteilen. »Welcher Teil sagt: ›Geh weg; du bist nichts wert!‹? Welcher Teil sagt: ›Komm her, ich liebe dich!‹?« Ich ging mit ihm all die verschiedenen Bereiche des Gesichts durch. Er konzentrierte sich nur auf etwa ein Viertel dessen, was im Gesicht zu lesen stand. Sein Vater war eines seiner großen Probleme; sein Vater war drogen- und alkoholabhängig. Das Gesicht seines Vaters war der Auslöser. Er *trance*-ferierte das Gesicht seines Vaters auf andere Männer. Ich kehrte immer wieder zu den Unterscheidungen des Auslösers zurück. Schließlich sprach ich über »das Gesicht der Erde, Längen- und Breitengrad und wie sich das Wetter in der Karibik von dem in Alaska unterscheidet« und so weiter. Das meine ich mit Unterscheidung des Auslösers.

Wenn jemand über Schmerzen klagt, körperliche Schmerzen, um welche Art Schmerz handelt es sich dann? Ist es ein stechender Schmerz? Ein brennender Schmerz? Ein durchdringender Schmerz? Differenzieren Sie ihn. Ich pflege zu sagen: »An welchen Empfindungen wollen Sie zuerst arbeiten? An den stechenden oder an den brennenden?« Je mehr Variationen Sie einer Erfahrung geben, desto größer wird der Fokus des inneren Kindes. Das macht die Grenzen des inneren Kindes durchlässiger. Das läßt Informationen herein und weckt den *Beobachter*. Wenn dieser Patient jetzt einen Mann ansieht, schaut er ihn an und denkt »Ich bin nichts wert« und dann starrt er auf die Wange, die sagt: »Du bist wertvoll.« Vielleicht schaut er auch auf den Mund, der sagt »Ich sorge mich wirklich um dich«, oder auf einen anderen Teil des Gesichts, wie die Stirn, die etwas ganz anderes aussagt.

Als Hausaufgabe bat ich den Patienten, allen Männern *willkürlich* die Maske seines Vaters aufzusetzen. Da das Kind das *unbewußt* tut, bat ich ihn (als den Beobachter), es *willkürlich* nachzuvollziehen. Auf diese Weise erlangte er die Kontrolle über den automatischen Mechanismus des inneren Kindes und wurde zum Beobachter und Schöpfer seiner Erfahrung.

Zusammenfassung der Methoden

Neue Assoziationen. Schaffen Sie neue Bedeutungen, die andere Reaktionen auslösen.

Differenzieren. Brechen Sie den Auslöser der ungewollten Trance in viele kleine Teile auf. Der wichtigste Schritt besteht darin, Kontext hinzuzufügen. Das geschieht durch Erweiterung des Brennpunkts der Aufmerksamkeit bzw. der Trance, damit der Betreffende den ganzen Auslöser sieht, d.h. indem man das ganze Gesicht sieht, nicht nur das linke Auge. Dann tauchen spontan Ressourcen vom Patienten auf. Selbstverständlich läßt diese ständige Erweiterung des Brennpunkts der Aufmerksamkeit bzw. des Bewußtseins des inneren Kindes den Beobachter/Schöpfer auftauchen, der daraufhin dem inneren Kind die Macht nehmen kann.

Schlußfolgerung

Letzten Endes steckt der einzelne »fest«, weil das innere Kind keine Alternative zuläßt. Der Erwachsene erlebt nie die Möglichkeit der Wahl. Der Reiz-Reaktions-Mechanismus hat beim Kind funktioniert, und der Erwachsene beschließt, so sei eben die Welt. Diese Schlußfolgerung – zusammen mit dem Schrumpfen der Aufmerksamkeit in der Trance – hat eine sinkende Anzahl von Wahlmöglichkeiten und zur Verfügung stehender Ressourcen zur Folge.

Und eins ist klar: Je mehr Assoziationen und neue Deutungsmöglichkeiten das innere Kind bekommt, desto schwächer wird die »fixierte« Aufmerksamkeit des inneren Kindes.

10. Prinzip: Je mehr die Aufmerksamkeit eingeengt und verringert wird, desto mehr werden Wahlmöglichkeiten und Ressourcen verringert.

11. Prinzip: Je größer der Fokus der Aufmerksamkeit, desto größer die Wahlmöglichkeiten und desto mehr Ressourcen.

12. Prinzip: Je größer die Fähigkeit des Beobachters, Bedeutungen in der Gegenwart zu erschaffen und aufzulösen, desto größer die Freiheit der Erfahrung.

Anhang II

Sich-selbst-in-Trance-Versetzen für Fortgeschrittene: Der kreative Gebrauch der Trance

Die Anästhesie ist eine Trance, die nur den einen Zweck hat: vorübergehend körperliches Unbehagen zu lindern. Wir alle haben schon einmal die Erfahrung gemacht, wie Kopfschmerzen nachlassen, wenn wir intensiv mit etwas anderem beschäftigt waren, wie beispielsweise mit einem spannenden Film. Diese Absorption der Aufmerksamkeit wird als natürliche Anästhesie betrachtet.

Es ist von enormer Bedeutung, akuten körperlichen Schmerz als einen Aufschrei des Körpers nach Aufmerksamkeit zu verstehen. Daher sollte jeder professionelle Schmerzberatung aufsuchen, anstatt zu leugnen, daß es sich hierbei um einen wichtigen natürlichen Prozeß handelt.

In diesem Kapitel wird Ihnen eine vorübergehende Lösung angeboten, um mit dem inneren Kind einen Vertrag zu schließen bzw. eine Vereinbarung zu treffen. Ich bekam beispielsweise einmal um 23 Uhr Zahnschmerzen. Es hätte für mich keinen Sinn gehabt, eine schlaflose Nacht zu verbringen. Also beschloß ich, die Botschaft, nämlich den Schmerz, d. h. »Ich habe Zahnschmerzen«, anzunehmen und anzuerkennen, und ich entschied, am folgenden Tag zum Zahnarzt zu gehen. Die Vereinbarung mit mir selbst lautete: »Ich habe die Botschaft erhalten, ich werde mich darum kümmern (um den Schmerz) und gestatte mir jetzt etwas Schlaf.« Das ist eine Selbst-zu-Selbst-Trance der Gegenwart, die sich die Anästhesie zunutze macht, um die emotionale Gesundheit des einzelnen aufrechtzuerhalten.

Wie man Anästhesie erschaffen kann

1. *Symbole*: Bitten Sie sich selbst um ein Symbol (einen Berg, einen Fluß, einen Tiger, usw.), das Ihnen in Ihrem Schmerz helfen könnte. Setzen Sie das Symbol in Ihren Körper ein.

Ich hatte einmal einen Patienten mit Kopfschmerzen, der während eines Migräneanfalls das Symbol von Richard Nixons Kopf erschuf, der seinen eigenen Kopf dann ersetzte. Er lächelte, während er sich vorstellte, daß Nixon die Kopfschmerzen hatte und nicht er.

2. *Differenzierung*. Bei jeder Differenzierung fällt zuerst auf, daß Schmerz als fester Block bzw. undifferenzierte Masse empfunden wird. Ich teile den Schmerz auf, indem ich den Patienten oder mich selbst bitte, den Schmerz zu beschreiben. (Sie können sich beispielsweise selbst fragen, ob der Schmerz schneidend ist.) »Welcher Teil des schmerzhaften Bereichs ist besonders schneidend, der linke oder der rechte? Welcher Teil des schmerzhaften Bereichs ist am interessantesten? Welcher Teil ist am eigenartigsten?« Wenn man den Schmerz differenziert, verändert sich die subjektive Erfahrung des schmerzhaften Bereichs rapide.

Ein weiterer Schlüssel der Differenzierung ist das Verständnis, daß Schmerz erfahren wird als a) Schmerz der Vergangenheit bzw. der Erinnerung, b) als Schmerz der Gegenwart und c) als Schmerz einer imaginären Zukunft, der Folgen haben wird, wenn er nicht aufhört. Wenn man sich auf die Gegenwart konzentriert, kann ein Großteil des imaginären Schmerzes durch den Ausschluß des Schmerzes der erinnerten Vergangenheit und des Schmerzes der imaginären Zukunft eliminiert werden.

Eine Patientin klagte beispielsweise über Menstruationsbeschwerden. Die Beschwerden lagen im Bereich des Dickdarms, und sie krümmte sich vor Schmerzen. Die Reaktion wurde durch Überarbeitung intensiviert bzw. ausgelöst. Meine erste Suggestivfrage lautete: »Wissen Sie, was eine Periode ist? – Eine Zeit der Pause, bevor Sie weitermachen. Wenn Sie sich vor Schmerzen krümmen müssen, können Sie gar nicht anders, als eine Pause einzulegen.« Einfacher ausgedrückt, man muß verschiedene Deutungen anbieten, die verschiedene subjektive Erfahrungen nach sich ziehen.

Eine mir befreundete Psychologin mußte sich einer Gebärmutteruntersuchung unterziehen. Vor dieser Prozedur identifizierte sie einige alte emotionale Problempunkte in ihrem Leben und stellte sich vor, diese würden sich in ihrer Gebärmutter befinden. Sie wurde nur örtlich betäubt und stellte sich während der Untersuchung vor, wie »alte Angelegenheiten« gereinigt würden. Sie berichtete, sie habe sich während der ganzen Untersuchung euphorisch gefühlt. Sie schuf neue Bedeutungen für die Erfahrung und blieb getrennt, als sie sie aus dieser Perspektive beobachtete.

3. *Trennung*: Sie können sich vorstellen, Sie würden sich an vielen verschiedenen Orten, Szenen, in verschiedenen Situationen befinden oder unter Menschen, die Sie davon abhalten, die Gegenwart zu erfahren.

Ein Beispiel: Vor kurzem klagte eine Workshopteilnehmerin über Schmerzen in den Ohren. Sie stellte sich vor, in ihrem Gehirn gebe es eine Höhle. Von dieser Höhle aus konnte man auf angenehme Weise die schmerzhaften Erfahrungen beobachten und sich so vom Schmerz abtrennen. Ich kenne Menschen, die sich vorstellen, sie seien an einem anderen Ort, oder die wütend jemanden anschreien, mit dem sie im Streit sind. Das trennt sie von dem Schmerz der Gegenwart ab. Eine meiner Patientinnen mußte zum Zahnarzt. Sie fürchtete zwar, daß es weh tun würde, aber sie stellte sich vor, wie sie mit Menschen sprach, auf die sie extrem wütend war. Das lenkte sie ab, und sie spürte keine Schmerzen.

Ob Sie sich in eine angenehme oder unangenehme Situation hinein abtrennen, Sie können sich auf jeden Fall weit genug entfernen, um die unangenehme Erfahrung zu verändern. Man darf nicht vergessen, daß ein Erwachsener sich frei dafür entscheiden kann, sich in der Gegenwart abzutrennen oder nicht. Die Identität des inneren Kindes trennt sich *automatisch* ab, ohne die Möglichkeit der Wahl, wie bei der Trance der Wahrnehmungsverzerrung, »Ich kann nichts fühlen« (Kapitel 13). Das Schlüsselwort heißt *Wahl*.

4. *Sich ausbreitende Wahrnehmungen*: Bei Kopfschmerzen konzentriert sich die Aufmerksamkeit auf den Kopf, und der Schmerz verteilt sich nicht gleichmäßig auf den ganzen Körper. Der Ansatz zur Schmerzlinderung ist die Suggestion, daß sich Empfindungen bewegen können. Wenn man suggeriert, daß die Empfindungen sich bewegen (in den Hals, in die Zehen, in die Füße), erhält man eine gleichmäßige Verteilung der Empfindungen.

Aus buddhistischer Sicht wird viel Leid durch die Erfahrung verursacht, man sei getrennt vom anderen oder sogar getrennt von allem. Daher ist die Wiedervereinigung mit allem eine beeindrukkende Erfahrung der Einheit.

Sexuelles Tantra

Wenn während sexueller Kontakte Empfindungen in einem bestimmten Bereich (Genitalien, Mund, Brüste) wahrgenommen werden, kann dieselbe Technik des Ausbreitens eingesetzt werden. Man kann damit die Empfindungen (in Penis oder Klitoris) auf den gesamten Körper ausweiten. Sex wird daraufhin ein Mittel, die Energie zu vergrößern und im gesamten System (Körper) zu verbreiten. Die Aufmerksamkeit und die innere Vertiefung verbinden Genitalien und Körper wieder miteinander, was ein tieferes Gefühl für das Selbst zur Folge hat.

Wenn diese Methode fortgeführt wird, führt die eingesetzte Energie, die durch den sexuellen Kontakt erschaffen wurde, zu aufeinanderfolgenden Ebenen, die eine noch tiefere Erfahrung des Selbst ermöglichen. Man kann gar nicht genug betonen, daß bei diesem Vorgang *nicht sofort ein Orgasmus* angestrebt werden darf, sondern daß man vielmehr die Stimulation erhöhen muß, um ein tieferes Gefühl für Verbindung und Orgasmus zu erreichen.

5. *Räume zwischen den Empfindungen*: Beim Schmerz, wie schon zuvor erwähnt, werden Empfindungen als eine Erfahrung wahrgenommen. Die erste Reihe von Suggestionen drehen sich um die Forderung, anstatt einer einzigen langen Empfindung eine Empfindung und dann einen Raum oder eine Lücke zu verspüren und

dann eine Empfindung und dann einen Raum. Für gewöhnlich taucht dann ein pochendes Gefühl auf. Das ist ein gutes Zeichen der einsetzenden Wirkung. Suggerieren Sie dann einen immer größeren Raum bzw. eine immer größere Lücke zwischen den schmerzhaften Empfindungen. Es wird deutlich, daß die Empfindung durch den Einsatz angemessener Suggestionen weiter reguliert werden kann.

6. *Der klassische Ansatz – akuter Schmerz*: Beim klassischen Ansatz kann der zu anästhesierende Bereich gekennzeichnet werden, indem man sich einen mentalen Kreis um den schmerzhaften Bereich vorstellt. Wenn der Schmerz im Knöchel sitzt, können Sie sich beispielsweise suggerieren, daß das Bein durchsichtig sei. Sie können insbesondere den Verlauf der Nervenbahnen wahrnehmen, die die schmerzhaften Empfindungen durch das Bein tragen. Schließlich kann der Verlauf der Nerven (das »Kabelsystem«) bis zum Hinterkopf verfolgt werden. Suggestionen zur Visualisierung können auch ein Rechenzentrum oder eine Telefonschaltzentrale sein, wo die Kabel den Knöchel mit der Schaltzentrale im Gehirn verbinden. Dann (mit Erlaubnis des Unterbewußtseins) trennen Sie die schmerzhaften Empfindungen ab.

Schlußfolgerung

Wie bei allen selbsterschaffenen Trancezuständen geht es auch in diesem Kapitel um die Möglichkeit einer Wahl in der Gegenwart. In den vorigen Kapiteln läßt das innere Kind den Erwachsenen Gegenwart und Zukunft automatisch so sehen wie die Vergangenheit. Bei der selbsterschaffenen Trance gibt es die Möglichkeit der Wahl, bei der Trance des inneren Kindes hat man keine Wahl.

Quellen

1 Beck, Aaron T.; Rush, A. John; Shaw, Brain F. und Emory, Gary: *Kognitive Therapie der Depression*. Psychologie Verlags Union, Weinheim 1992.

2 *American College Dictionary*. Random House, New York 1963.

3 McKay, Mathew; Davis, Martha und Fanning, Patrick: *Thoughts and Feelings. The Art of Cognitive Stress Intervention*. New Harbinger Publications, Richmond (CA) 1981.

4 Ram Dass: *Alles Leben ist Tanz*. Franz Schickler Verlag, Berlin 1982.

5 McKay, Mathew; Davis, Martha und Fanning, Patrick: *Thoughts and Feelings. The Art of Cognitive Stress Intervention*. New Harbinger Publications, Richmond (CA) 1981.

6 Ebenda.

7 Wolinsky, Stephen: *Die alltägliche Trance. Heilungsansätze in der Quantenpsychologie*. Verlag Alf Lüchow, Freiburg 1993.

8 McKay, Mathew; Davis, Martha und Fanning, Patrick: *Thoughts and Feelings. The Art of Cognitive Stress Intervention*. New Harbinger Publications, Richmond (CA) 1981.

9 *American College Dictionary*. Random House, New York 1963.

10 McKay, Mathew; Davis, Martha und Fanning, Patrick: *Thoughts and Feelings. The Art of Cognitive Stress Intervention*. New Harbinger Publications, Richmond (CA) 1981.

11 Ebenda.

12 Ebenda.

13 *Webster's Dictionary.* Collins, New York 1994.

14 McKay, Mathew; Davis, Martha und Fanning, Patrick: *Thoughts and Feelings. The Art of Cognitive Stress Intervention*. New Harbinger Publications, Richmond (CA) 1981.

15 Ebenda.

16 Ebenda.

17 *American College Dictionary*. Random House, New York 1963.

18 *Webster's Dictionary.* Collins, New York 1994.

19 *Webster's Dictionary.* Collins, New York 1994.

Literaturliste

American College Dictionary. Random House, New York 1963.

Beck, Aaron T.; Rush, A. John; Shaw, Brain F. und Emory, Gary: *Kognitive Therapie der Depression.* (übersetzt von Gisela Bronder) Psychologie Verlagsunion, Weinheim 1992.

Berne, Eric: *Spiele der Erwachsenen*, Rowohlt, Reinbek bei Hamburg o.J.

Capra, Fritjof: *Das Tao der Physik*. (übersetzt von Fritz Lahmann) Scherz, München 1984.

Erickson, M. H. und Rossi, E. L.: *Hypnotherapie*. Pfeiffer Verlag, München 1993.

Erickson, M. und Rossi, E.: *Der Februar-Mann.* (übersetzt von Theo Kierdorf und Hildegard Höhr) Junfermann Verlag, Paderborn 1991.

Goldstein, Joseph und Kornfield, Jack: *Einsicht durch Meditation.* (übersetzt von Theo Kierdorf) Scherz Verlag, München 1989.

Haley, J.: *Die Psychotherapie Milton H. Ericksons*. Pfeiffer Verlag, München 1991.

Herbert, Nick: *Quantum Reality. Beyond the New Physics*. Anchor Press, New York 1985.

Hoffer, Eric: *The True Believer*. Harper and Row, New York 1951.

Khan, Pir Vilayat Inayat: *Der Ruf des Derwisch*. (übersetzt von Klaus Voss) Synthesis Verlag, Essen 1982.

Laurence, Peter: *Das Peter Prinzip*. Rowohlt, Reinbek bei Hamburg 1994.

McKay, Mathew; Davis, Martha und Fanning, Patrick: *Thoughts and Feelings: The Art of Cognitive Stress Intervention*. New Harbinger Publications, Richmond (CA) 1981.

Mudallar Devaraja: *Day by Day with Bhajavan*. South India: Sri Ramanashram, Tiruvanamalai 1977.

Nisargadatta Maharaj und Frydman, Maurice: *Ich bin ... Gespräche mit einem Erleuchteten*. (übersetzt von Heiner Siegelmann und Gilda Peters-Remscheid) Context Verlag, Bielefeld 1992.

Peat, David F. und Briggs, John: *Die Entdeckung des Chaos*. (übersetzt von Peter Kafka) Hanser Verlag, München 1990.
Peat, David F.: *Der Stein der Weisen*. (übersetzt von Hainer Kober) Verlag Hoffmann und Campe, Hamburg 1992.
Ram Dass: *Alles Leben ist Tanz*. Franz Schickler Verlag, Berlin 1982.
Reich, Wilhelm: *Die Funktion des Orgasmus*. Verlag Kiepenheuer & Witsch, Köln 1987.
Reich, Wilhelm: *Die Ermordung Christi*. (übersetzt von Bernd Laska) Walter Verlag, Freiburg 1978.
Russell, Bertrand: *Das ABC der Relativitätstheorie*. (übersetzt von Uta Dobl und Erhard Seiler) Fischer Verlag, Frankfurt/M. 1992.
Suzuki, Shunryu: *Zen-Geist Anfänger-Geist*. (übersetzt von Silvius Dornier) Theseus Verlag, Küsnacht (Zürich) 1990.
Talbot, Michael: *Das holographische Universum*. (übersetzt von Siegfried Schmitz) Verlag Droemer-Knaur, München 1992.
Webster's Dictionary. Collins, New York 1994.
Wells, H. G.: *Die Zeitmaschine*. Ullstein TB, Frankfurt / M, Berlin, Wien 1988.
Wilson, Colin: *G. J. Gurdjieff. The War Against Sleep*. Aquarian Press, London 1980.
Wittgenstein, Ludwig: *Logisch-philosophische Abhandlung*. Suhrkamp Verlag, Frankfurt/M. 1989.
Wolf, Fred Alan: *Körper, Geist und neue Physik*. (übersetzt von Friedrich Griese) Insel Verlag, Frankfurt/M. 1993.
Wolinsky, Stephen: *Die alltägliche Trance*. (übersetzt von Tatjana Kruse) Verlag Alf Lüchow, Freiburg 1993.
Wolinsky, Stephen: *Quantenbewußtsein. Das experimentelle Handbuch der Quantenpsychologie*. (übersetzt von Tatjana Kruse). Verlag Alf Lüchow, Freiburg 1994.
Wolinsky, Stephen: *The Tao of Chaos. Essence and the Enneagramm, Quantum Consciousness Vol. II* (Erscheint in deutscher Sprache im Frühjahr 1996 im Verlag Alf Lüchow).

Index

Im Zuge der Entfremdung vom natürlichen Lebensrhythmus und Lebensstil zur Zeit der industriellen Revolution entwickelte sich die moderne Psychologie als Versuch, dem Menschen zu helfen, mit seinen Lebensumständen und seinen auf äußere Dinge gerichteten Wünschen zurechtzukommen. Die Quantenpsychologie hingegen will die Psychologie zu ihren ursprünglichen philosophischen Wurzeln zurückführen. Sie begründet sich in 1. der Psychologie, 2. der östlichen Religion (hier speziell der Advaita Vedanta) und 3. der Quantenphysik. Stephen Wolinsky verband diese drei Bereiche zu einer neuen, bahnbrechenden Betrachtungsweise der Psychologie: der Quantenpsychologie. Beginnen Sie mit seinen Grundgedanken in seinem ersten Werk: ***Die alltägliche Trance.*** ***Quantenbewusstsein*** ist voll mit praktischen Übungen.

Stephen Wolinsky
Die alltägliche Trance
Heilungsansätze in der Quantenpsychologie
304 Seiten, kartoniert, 3. Auflage
ISBN 3-925898-17-4

Stephen Wolinsky
Quantenbewußtsein
Das experimentelle Handbuch der Quantenpsychologie
300 Seiten, kartoniert, 3. Auflage
ISBN 3-925898-18-2

Stephen Wolinsky

Die Quantenpsychologie kann Ihnen zu verblüffenden Erkenntnissen verhelfen. Stephen Wolinsky hat mit der Entwicklung der Quantenpsychologie® der Psychotherapie die Tür zu einer völlig neuen Dimension geöffnet. Sie führt weit über eine Problemlösung hinaus und verbindet die Psychologie wieder mit ihrer wahren Natur, mit der Frage: Wer bin ich? »Wenn du herausfinden willst, wer du bist, dann musst du zuerst herausfinden, wer oder was du nicht bist.« Er weist darauf hin, dass wir, wenn wir uns ausschließlich auf die psychosoziale Ebene konzentrieren, den Kontakt zur Essenz unseres Wesens und damit die Verbundenheit mit allem verlieren.

In ***Jenseits des Enneagramms*** richtet Wolinsky sein Augenmerk mittels des Enneagramms auf den Abbau gewohnheitsmäßiger Fixierungen und bietet dem Leser einen praktischen Weg, die Unbegrenztheit des Bewusstseins »wahrzunehmen«.

Stephen Wolinsky
Jenseits des Enneagramms
Der Weg des Menschen in der Quantenpsychologie
320 Seiten, kartoniert
ISBN 3-925898-67-0

Die dunkle Seite des inneren Kindes betrachtet den Mythos eines »guten« inneren Kindes aus der Sicht der Quantenpsychologie.

Stephen Wolinsky
Die dunkle Seite des inneren Kindes
Der nächste Schritt in der Quantenpsychologie
208 Seiten, kartoniert, 3. Auflage
ISBN 3-925898-30-1

Das Tao des Chaos nimmt das Enneagramm zu Hilfe, um über »unsere« Charakterfixierung den Schritt durch das Nichts zum wahren Wesen des Menschen zu wagen.

Stephen Wolinsky
Das Tao des Chaos
Quantenbewußtsein und das Enneagramm
344 Seiten, kartoniert, 2. Auflage
ISBN 3-925898-43-3

Wolinskys eigentlich erstes Werk – als Doktorarbeit – ***Das Tao der Meditation*** führt uns wieder zum Anfang der Quantenpsychologie, wo es nur um die meditative Frage »Wer bin ich?« geht.

Stephen Wolinsky
Das Tao der Meditation
Praktische Methoden der Selbsterkenntnis
160 Seiten, kartoniert
ISBN 3-925898-66-2